JN146539

言葉の温度

話し方のプロが大切にしている
たった1つのこと

馬場典子
アナウンサー

あさ出版

はじめに

「温かい言葉に救われた」
「冷たい言葉に傷ついた」

というように、言葉には〝温度〟があります。

〝言葉の温度〟は話し手の〝心そのもの〟で、温もりのある言葉が相手の心に寄り添うように、熱い言葉が相手の心に火をつけるように、**あなたの心が相手に届き、あなたの言葉が相手に伝わります。**

たとえば叱咤激励に愛情が感じられるみたいに。

一方で、冷たい言葉は相手の胸に突き刺さります。

困ったことに、はっきりとした敵意や悪意がある場合だけでなく、**本人に自覚がない場合でも、本音や無関心は温度に表れて、相手に伝わってしまいます。**
褒め言葉にトゲを感じたり、謙遜が嫌味に聞こえたりするみたいに。

そして悩ましいのは、**思いはあるのに、感情が表に出にくかったり、上手く言葉にできなかったりして、伝わらなかったり、誤解をされてしまったりすること。**
自分の思いや言葉が届かなくて、もどかしかったり、悲しかったり、人との距離感を上手く取れなかったり。そんな悩みを抱えている方も少なくないと思います。

温度は心の表れ。のはずですが、心だけでは、相手に届くときには冷めてしまって、きちんと伝わらない……なんてこともあります。
言葉の温度は、心を素(もと)にしながら、声のトーンや大きさ・話し方や聞き方・言葉遣い・ニュアンス・間・表情など、コミュニケーションの〝総合力〟なのです。

LINEが人気となった理由の一つに、言葉に表しにくいニュアンスを伝えてくれるスタンプがありますが、このことからも、コミュニケーションに必要な要素が一つだけではないことが分かります。

同時に、直接会ったり電話したりするよりも、テキストのほうが温度が伝わりにくい、という背景も見えてきます。


そんな中、私たちアナウンサーはテレビを通して伝えるため、テキスト以上に温度が伝わりにくいかもしれません。けれど、それでも伝えるのが仕事。

裏を返せば、**アナウンサーの話し方・伝え方は、保温効果の高いコミュニケーション方法**と言えるのではないでしょうか。


私自身、研修や日々の現場を通して、言葉の温度を大切にすることを覚え、伝わるスキルを身につけることができました。子どものころから人間関係に少なからず悩みを抱え、落ちこぼれアナウンサーだった私でも、伝えられるようになりました。

ちょっと欲張りなのですが、そんな経験をシェアすることで、単なるノウハウ本に留まらず、コミュニケーションについて一緒に考えるきっかけとなりましたら幸いです。

ちなみに、私はよく面倒くさいと言われます。直接言われないときも、思われているのを肌で感じます（笑）。普段はサボリ魔なのですが、何かに本気になったり話に夢中になったりしたとき、どうも周りの人には熱すぎるみたいです。

言葉の温度が、相手が求めているものなのか、相手にとって心地よいものなのか。

我が身を反省しつつ……これも、（言葉を）相手の心に届けるために、忘れてはいけない大切なポイントだと思います。

馬場典子

もくじ

なぜアナウンサーの言葉は伝わるのか

「体」伝わる声を身につけよう

「技①」話し方を磨く

「技②」言葉を磨く

「心」伝え方を磨く

Part 6

受信力を高めるヒント

Part 7 シチュエーション別　伝え方のコツ

Part 1

なぜアナウンサーの言葉は伝わるのか

落ちこぼれだった私に起きたこと

あれはまだ採用試験中のこと。

「今日はメーデー。トラック200台が都内を行進し……」という原稿を読むと、

「声が暗い。お前のニュースはトラックじゃなくて霊柩車だ！」

という厳しい言葉が飛んできました。まだ、お客様であるはずの一学生なのに、です。

伝えるどころか、読むことすらままならない。それほど私は出来の悪い素人でした。

今となっては結婚運を仕事運につぎ込んでしまったとしか思えない、奇跡の内定。

でも、入社してアナウンサーという肩書きをもらったところで、すぐに上手くなるわけではありません。「悪声」と言われたことさえありました。

「そういえばこの間のナレーション、〇〇さんで撮り直したんだよね」

新人時代、音声さんがポロッと漏らした一言も衝撃でした。あまりにも下手で、手がつけられなかったのでしょう。ディレクターさんはその場で一応のOKを出し、後日こっそり先輩で録り直していたのです。これからまた録音だというのに泣きそうになり、逃げ出したくなりました。

それから20年。

「説明が分かりやすい」「馬場さんの声が好き」「ナレーションが沁みる」なんて言っていただけるようになりました。

私の場合、**喋るのが上手いからアナウンサーになったのではなく、アナウンサーになれたおかげで喋れるようになり、声もよくなり、伝えられるようになりました。**

「アナウンサーは、喋り手であり、聞き手でもあり、つまり〝伝え手〟である」
「アナウンスメント技術は日常会話の延長線上にあるもの」
と気付いてから、ぐっと手応えが増しました。

アナウンスメント技術は専門的なスキルと思われるかもしれませんが、決して特別なものではありません。むしろ、**コミュニケーションの基本が詰まっていて**、だからこそ素人の中の素人だった私でも、身につけることができたのだと思います。

もちろん今でも、コミュニケーションに関して悩むことは少なくありません。ベテランと言われるようになってからも、部の会議で発言するときはいつも声が震えていましたし、どんなに楽しい集まりでもふと、『自分は嫌われていないかしら』と不安になります。収録前のご挨拶は緊張が拭えませんし、アナウンサーのくせに、お店の予約をするときはよく「和田さん」と聞き間違えられます。

それでも、伝える仕事を通して、私自身にはこんな変化が起きました。

◎自分の意見が持てず、自信もなかったのに、自分の考えを持ち、伝えられるようになった。
◎人の目や評価が気になってばかりいたのに、自分で判断できるようになってきた。
◎人と接するときには不安がつきまとっていたのに、楽しみも見出せるようになった。
◎自分のことを欠点も含めて受け入れられるようになり、人にも優しくなった。
◎人に頼ったり相談したりできるようになり、一人で抱え込みにくくなった。
◎難しい問題も、シンプルに考えられるようになった。

伝える力、コミュニケーション力が、人間力まで上げてくれました。少しずつでも自分に自信がついたり、仕事が上手く回ってきたり。何より、**様々な人間関係の中でも自分らしくいられる第一歩となりました。**

Point

アナウンサーのスキルは特別なものではありません。コミュニケーション力が上がると人間力も上がり、自分らしくいられるようになります。

アナウンサーの言葉が伝わる理由

思えば、アナウンサーはかなり特殊な環境で仕事をしています。

①**不特定多数の人に向けて**
②**一方通行で**
③**秒単位の限られた時間で**

情報を伝えています。普通に考えれば、伝わりにくい環境です。

それなのに、テレビの向こうの私たちの言葉に、視聴者の皆さんは共感してくださいます。少なくとも、私たちはそれを目指しています。

①不特定多数の人に届けるため、**より分かりやすく、より正確に伝える力**が
②一方通行だからこそ、**聞き手に寄り添い、気持ちや立場を想像する力**が
③時間が限られているから、**言葉や内容を吟味して無駄を省き、メッセージ性を高める力**が

求められ、鍛えられます。

自分の置かれている環境が特殊でも、受け手である視聴者には関係ありません。「あのアナウンサーは何が言いたかったんだ？」と疑問を抱かせることはもちろん、「こういう意味だったのかな」と忖度（そんたく）させるなど、ストレスを与えることは避けたいところ。

同時に、「今、何て言った？」というストレスも避ける必要があります。

そのために欠かせないのが、**発声発音**です。声が小さかったり、滑舌が悪かったりすると、聞き手に負荷や誤解を与えてしまい、話す内容以前の問題となってしまいま

す。

こうして見ると、アナウンサーの言葉が伝わるのは、いろいろな角度から**相手に届けることに注力しているから**だと言えます。つまり、鍛えられる環境が特殊なだけで、**身につけたスキルは、皆さんの日常のコミュニケーションと変わりはありません。**

そこで、気がつけば人生の半分をアナウンサーとして過ごしてきた経験から、**特殊な環境に身を置かなくても、発声発音の研修を受けなくても、伝わる話し方、伝わる声になるヒント**をまとめました。

順にご紹介していきます。

Point

話し方や、言葉選びや、心構えや、声。
誰でも、様々な側面から
コミュニケーション力を上げることができます。

03

目指すのは「伝わる」コミュニケーション

喋る。話す。伝える。

それぞれのニュアンスの違いをどう感じますか？

「喋る」には、一方的に話す、
「話す」には、自分が言いたいことを言う、
というニュアンスも含まれていますが、
「伝える」には、相手の存在が含まれている、
と感じませんか。

アナウンサーは喋り手と思われていますが、私は〝**伝え手**〟だと思っています。伝えるためには、聞き手になることも、場合によっては黙ることさえあります。

たとえば『キユーピー3分クッキング』では、揚げたてのトンカツに包丁を入れるとき、あえて黙りました。あのサクッという音で、美味しさを伝えるために。

野球選手へのインタビューで、自分の顔や質問が省かれ、字幕で処理されたときも、「いい話が引き出せたからこそ、選手の映像と言葉をいっぱい使う。伝え手としての役割は果たせている」と考えていました。

ところがあるとき、アナウンサーの中でも、説得力のある人とない人、言葉がスッと入って来る人と来ない人がいることに気付きました。伝わる人と伝わらない人。その差が何かを考えたとき、「伝える」という意識だけでは足りないのではないか、と気付きました。

「伝える」と「伝わる」。

この違いは、どう感じますか？

〝相手〟をちゃんと意識していたはずの「伝える」も、「伝わる」と比べるとちょっと色あせてきませんか。

キャッチボールにたとえるなら、

「伝える」は、自分がボールを投げた状態。
「伝わる」は、相手がボールをキャッチした状態。

キャッチボールなら、相手がボールを取れたかどうかを目で確認できますが、コミュニケーションの場合は、目に見えません。そのため、「話したよ」「聞いてないよ」といったすれ違いが起きてしまうことも。

相手に伝わっていなければ、「伝える」も、自分中心のコミュニケーションで終わってしまいます。

伝わる人と伝わらない人との差は、相手本意か、自分本位か、という意識の違いにありました。

〝伝え手〟として、「相手が取ってくれるはず」ではなく、「相手に取ってもらう」という意識が重要なのだと気付きました。「自分がどういうつもりで話したか」は大切ですが、「相手がどう受け取ったか」のほうが、より大切なのです。

そんな「伝わる」コミュニケーションを目指してみませんか。

Point
自分本位ではなく、
相手本位を心がけ、
「伝わる」コミュニケーションを目指しましょう。

04 コミュニケーションの本質とは

コミュニケーションの語源を紐解きますと、ラテン語のcommunis（共通したもの）またはcommon（共有物）だと言われています。つまり、**コミュニケーションの本質は、〝共有すること〟**なのです。

そして情報や思いを〝共有〟するには、キャッチボールと同様、投げることも、受けることも、必要になってきます。**コミュニケーション力は、〝発信力〟と〝受信力〟の両輪**なのです。

個人的に面白いと思ったのが、お互いにボールを投げ合うのだから、スロー（throw）ボールでもよさそうなのに、キャッチボールと言うところ。一見、投げる側が主導権を握っているようですが、実際には、相手に受け取ってもらって初めて、キャッチボールは成り立つのだと、感じられる言葉です。

コミュニケーションというキャッチボールも、投げて終わりではなく、相手が受け取って初めて成立すると認識することが、伝わるコミュニケーションへの第一歩です。

Point

コミュニケーションの原点は、
気持ちやイメージを共有すること。
相手に受け取ってもらって初めて成立します。

05 アナウンサーは黒子である

入社1年目の終わりごろ、局のアナウンサーとしての〝立ち位置〟を教わりました。歌舞伎の黒子のように、舞台（画面）に登場するけれど、役者さん（共演者）がやりやすいように、観客（視聴者）にとって分かりやすいように、務める存在。同時に、舞台上（画面上）にはいない制作スタッフの黒子として、視聴者とスタッフとの橋渡し役も担っています。

もし、〝自分が何のためにそこにいるのか〟という本分を忘れ、「テレビに出ている私が主役」なんて勘違いをしていたら、私たちの言葉は伝わりません。

〝アナウンサーの立ち位置〟と聞くと、「そんなことできない」と思われるかもしれませんが、上手く進めたり、まとめたりする橋渡し役、と考えれば、皆さんも日常で経験されているのではないでしょうか。

たとえば営業担当の場合、開発者の思いや商品を理解して営業する、クライアントの希望を汲み取る、消費者の声をフィードバックする……という風に。

次に挙げる共演者・制作者・取材相手・視聴者を、身近な誰かに置き換えれば、皆さんのお立場と重なるところがあると思います。

❶共演者の黒子

タレントの方がやりやすいように気を配るだけでなく、アナウンサーの先輩に支えてもらう場合や、後輩のフォローをする場合など様々ですが、共演者同士の信頼関係は、テレビ画面にもにじみ出ます。

誰かだけが得するのではなく、協力し合う**チームワーク力**や、**チームの中で自分にできることを見つける力**が養われます。

❷ 制作者の黒子

番組内容が必ずしも自分の知識や興味とリンクしない中でも、知らないことは勉強して、画面に出ることのない制作スタッフの思いも乗せて、伝えられる存在になる必要があります。

そのため、伝えるべきことを**仲間と共有する力**、伝えるべきことの**本質や核心に迫る力**が求められます。

❸ 取材相手の黒子

一般の方に取材をするときは、ご本人が上手く言葉にできないことがあります。芸能人・有名人の場合は、個性的な表現をされることもあります。言葉の奥で「本当は何を言おうとしているのか」を理解して、届ける必要があります。

そのため、相手の**本音を汲み取る力**が大切です。

❹ 視聴者の黒子

たとえば待機児童や教育のニュースに触れると、甥っ子や、親となった友人たちの顔が浮かびます。自分が経験していなくても、いろいろな考え方に触れたり、問題の根深さを知ったり、多くのことに気付かされます。

「他人事ではない」と感じていれば、経験や立場が異なる人にも**共感する力が育まれ、説得力は自ずと増します。**

Point

自分が何のためにそこにいるのか、という〝立ち位置〟を間違わなければ、様々なコミュニケーション力が養われます。

06

アナウンサーのノウハウは、「スイッチ」

私はもともと内弁慶なタイプで、5人以上集まる場では、なかなか素の自分ではいられません。

「なのになぜアナウンサーなんてできるの？」と思われるかもしれませんが、ちょっとお付き合いください。

新人のころはテレビで話すなんて怖くて「一生デビューしなくていい、研修だけして上手くなれればいい」と極端なことを考えていました。

でも、人見知りだろうが、向いてなかろうが、デビューはやってきて、与えられたアナウンサーという役割は全うしなくてはなりませんでした。素の自分なら逃げたいところを、**役割だから、踏ん張れた**のです。

そうこうしているうちに、**素の自分はへなちょこなのに、アナウンサーとしては、コミュニケーション力が磨かれていきました。**

一方で、学生のころから、素の自分と、友だちの前での自分が違うことにも悩んでいました。

社会人になってからも、素の自分と、アナウンサーとしての自分がバラバラなことが不安でした。たとえ褒められても、素の自分じゃない自分は、なんだかウソ物みたいに感じていたのです。

そうこうしているうちに、**どの自分も、出し方や見え方、見せる部分が違うだけで、全部、本当の自分**なのだと気付きました。

面白いことに、30代後半にもなるとあまり区別がつかなくなってきて、それぞれ別物に感じていた自分が、一つのものと思えるようになり、スイッチのＯＮ・ＯＦＦだけの違いになったのです。

今では、5人以上集まる席などではむしろ、アナウンサースイッチ・社会人スイッチを入れてしまったほうが楽なことさえあります。

素のままだったら人見知りしてしまうとき、スイッチを入れた自分なら、初対面でも、緊張していても、それなりに振る舞うことができ、〝そういうもの〟として楽しめるようになりました。

その積み重ねで、少しずつ自信が持てるようになってきました。

母が強くなるように、立場が人を育てるように、高所恐怖症のカメラマンがヘリコプターから身を乗り出して撮影できてしまうように、人間、役割を与えられたらなんとかなることも多いみたいです。

皆さんも、素の自分のままではハードな場面では、**プレゼンター・リーダー・先輩など、〝役割〟と割り切れば、気持ちも、コミュニケーションも楽になるかもしれません。**

へなちょこな私を成長させてくれたアナウンサーのノウハウは、皆さんにとっても、コミュニケーション円滑モードのスイッチになると感じています。

Point

役割と割り切れば気持ちが楽になる。アナウンサーのノウハウは、素の自分を、コミュニケーション上手にしてくれる「スイッチ」。

07 "心の向き"が大切

私のアナウンサーとしてのデビューは七夕の天気予報でした。

あのときは、とにかく失敗しないことばかり意識していました。いくら下手でも、叱られたくないし、できれば褒められたいし。だから放送直後は、「時間内に収まった～」「噛まなくてよかった～」なんて、それなりに満足していたのですが……。部に戻ると、部長の険しい表情が目に飛び込んできました。そして耳に飛び込んできたのが、

「私は悔しいよ」

という一言。「一生に一度のデビューなのに、あなたらしさが全く出ていなかった」という親心。正直、叱られるよりも堪（こた）えました。

研修漬けの日々を過ごすうちに、言葉の職人になることが一番の目的になっていて、**自分のほうを向いて、周囲の評価を気にして**原稿を読んでいました。下手なくせに、「上手くやろう」なんて余計なことを考えていました。

けれど本番は、上手・下手より、今の自分で精一杯、視聴者に届けることが一番大事。上司の一撃が、**どこを向いて、何のためにやるのかが大切**だと教えてくれました。

どんなに上手く話せても、心が伴っていなければ伝わりません。反対に、話し方は拙（つたな）くても、心があれば伝わります。

ただ、その**心が、〝どこを向いているか〟〝どこを目指しているか〟が重要**です。そこがズレていると、伝わるものも伝わりません。

「あなたのためなのに……」と言われて、『本当は自分のためのくせに』と思ったご経験、ありませんか。それは、心の向きとゴールがズレているからにほかなりません。

皆さんのお仕事でも、自分の評価アップのためなのか、部署の業績アップのためなのか。取引先とのウィンウィンの関係のためなのか、さらに社会や地球にも優しいウィンウィンウィンを目指すのか。自分本位なのか、相手を尊重しているのか。

どこを向いて、何のためにがんばるかによって、選ぶ言葉も、アプローチの仕方も、結果も、異なってくると思います。

Point

心があれば伝わる。
だからこそ、心の向きと目指すゴールが大切です。

08 コミュニケーションも心技体

主にスポーツの世界で使われる〝**心技体**〟という考え方。目的を達成するために必要なものと思われていますが、もとは逆で、柔術の目的が心技体を鍛えることだったとか。

アナウンサーという仕事を通して人間形成されてきた我が身を振り返ると、柔術同様、コミュニケーション力を身につけていくことは、心技体を磨いていくことに通じている気がします。

逆もまた真なりで、心技体が鍛えられることで柔術が強くなるように、「伝える心」「伝える技術」「伝わる声」を磨くことで、コミュニケーション力は確実に上がります。

そこで第2章〜第5章では、「**心**」「**技**」「**体**」に分けて、コミュニケーション力を磨く方法を考えていきましょう。

出川哲朗さんのハチャメチャな英語が通じるように、コミュニケーションでは「**心**」の占める割合が大きいと感じています。アナウンサーに内定したときの私もまさにそれで、「真心があれば、なんとか伝わる」もの。

とはいえ、**心だけで勝負するのは、受け取る側に委ねる部分が大きく、コミュニケーション力としては不安定**です。だから、「**心**」をスムーズに運ぶ両輪として、「**技**」と「**体**」を磨く必要があります。

Point

コミュニケーション力も心技体。
心を届けるために、技と体も磨きましょう。

CM中 ❶

心を込めて挨拶を

皆さんは、「いってきます」の本当の意味をご存知ですか？

ただ「行きます」という意味ではなく、「行って、帰ってきます」という意味が込められているそうです。「無事に帰ってきます」という、誓いの言葉なのですね。

では、「いってらっしゃい」は。

「行って、帰っていらっしゃい」という意味だそうです。こちらも、「無事に帰ってきますように」という祈りの言葉なのですね。

「言霊（ことだま）の幸（さき）はふ（わう）国」と万葉集に書かれている日本。言葉の持つ力のおかげで幸せである国。おめでたい言葉や忌み言葉などもこうした精神に基づいていて、もちろん、日常の言葉にも言霊はある。だからこそ、「いただきます」「ただいま」など、日本語には、正確に英語に訳せない言葉も少なくない。と知っていましたが……。

友人から「いってきます」「いってらっしゃい」の話を聞いたとき、私たちが今当たり前に口にしている当たり前の言葉に、１２００年以上前からどれだけの人々の祈りが込められてきたのか、と想像が膨らみ、胸が震えました。私たちが本来の価値を見失っているだけで、古（いにしえ）より、言葉が人に力を与え、人の祈りが言葉に力を与えてきたのだと感じました。言葉を大切にしたいと思いました。

「おはようございます」「こんにちは」「こんばんは」「さようなら」「お元気ですか」。日々の挨拶や声かけが、相手を思いやる第一歩、人とつながる第一歩なのだと思います。

Part 2

「体」伝わる声を身につけよう

「体」イントロダクション

〝伝わる声〟を身につけよう

「full sound voice」という研究をしている知り合いがいます。曰く、人間の声には12の要素があり、そのバランスによって、性格や考え方、自分の抱えている課題、その原因と解決法まで分かるのだそうです。

その要素とは、たとえばα波のように、人間が本能的に違いを感じることができるもので、私たちが「いい声だな」「聞きやすいな」と感じる声には、理由があるとのこと。

そして経営者やリーダーは、共通して〝ある要素〟を持っていて、だからこそ、声に説得力があり、人を引っ張っていくことができるのだそうです。

そんな**〝伝わる声の要素〟に深く関わってくるのが、〝丹田〟**です。おへその下辺り（の内側）にあり、中国の道教では気の集まるところとされ、武術でも重要とされるところですが、実は、腹式呼吸においてもポイントとなる場所です。

つまり**〝伝わる声〟は、腹式呼吸など、正しい発声法を身につけることで得ることができる**のです。

コミュニケーション論では忘れられがちな「体」ですが、アナウンサーが研修で最初に教わる基本の基も、「発声・発音」です。

そこで、**「心・技・体」**のうち、まずは**「体」**＝**「声の出し方」**からお伝えします。アナウンサー研修で教わったこと、現場で体得したこと、今習っているThe VOICEness・近藤名奈先生のメソッドなど、私の中にあるノウハウをまとめました。

発声法よりも、「話し方」について知りたい方は第3章に、「言葉」について知りたい方は第4章に、「心構え」などを知りたい方は、第5章にお進みください。

01 腹式呼吸がなぜいいの？

面白いもので、「腹を割る」「腹をさぐる」「腹黒い」「腹をくくる」「腹心」「腹づもり」「面従腹背」など、内に秘めた本音や本心を表す言葉に、〝腹〟が多く使われています。**お腹から出す声は信頼性を高める**ということを、昔の人は本能的に知っていたのかもしれません。

アナウンサーになって最初に習うのも腹式呼吸です。理由は二つ。深い呼吸により、**奥行きと張りのある声になる**ためと、**喉に負担をかけない**ためです。

頑張りすぎる人が周囲を疲れさせてしまうように、気持ちにゆとりのある人が周囲を安心感で包むように、**声も、体のどこかに力が入っていると、耳障りになったり緊張感を与えたりしますし、リラックスできていると、心地よく聞きやすくなります。**

質量ともに豊かな声を出すには、心身ともに緊張や力みはご法度。とはいえ、リラックス状態とたるんだ状態は別物です。

ゴルフをされる方は、イメージしやすいかもしれません。
アナウンス部のOB・OGゴルフコンペでのこと。「リラックスしていなければ伸びやかないいスイングはできませんが、しっかり飛ばすためには力の入れどころも大事で、緊張しすぎもダメ、緩みすぎもダメ。そこがアナウンサーと同じだと思いました」と感想を述べたとき、大先輩たちも頷(うなず)いてくれていました。

なんとなく、ゆとりのある声のイメージは持てたでしょうか？　それでは、具体的なステップに移りましょう。

Point

本心は腹に宿る。
腹式呼吸を身につけることで、
聞きやすく、信頼される声になります。

02 誰でもできる腹式呼吸のやり方

❶ 姿勢

両足の親指のラインを平行にして、肩幅に開いてまっすぐ立ちます。
恥骨と尾骨が水平になるように骨盤を立てて、
頭のてっぺんから吊るされているイメージでお腹を伸ばし
腰が反らないように気をつけながら、姿勢をまっすぐにします。
肩の力は抜いてください。
これで**声を響かせる楽器として、空気の通り道を広くまっすぐに整える**ことができます。

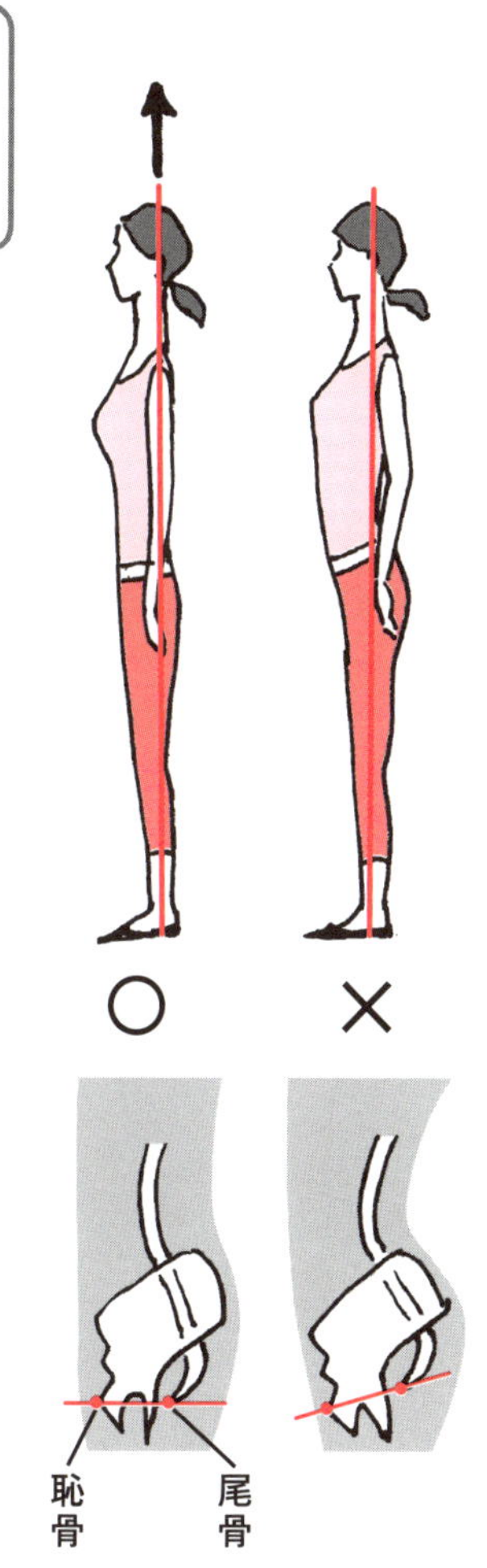

❷呼吸

鼻からたくさんの空気を吸い、口から（なるべく長い時間をかけて）一定の強さで「ふ――」っと吐き出す。

吸うときは、お腹だけでなく後ろ側まで腰回り全体を膨らませ、吐くときはあばらを締めるようにお腹を凹ませるのがポイント。胸の高さをキープすると、胸が落ちて空気の通り道である〝筒〟がつぶれたり曲がったりするのを防ぐことができます。

腹式呼吸のやり方として知られている「お腹を膨らませる」方法は、体の前側に意識が偏り、力みやすいので注意が必要です。

腹式呼吸に欠かせない横隔膜は、前だけでなく後ろにもつながっていて、〝丹田〟もおへその下の表面上ではなく体の中にあります。**お腹のぐるりと後ろ側、腰からおしりの辺りにまで意識を向ける**ようにしてください。

慣れないうちは吸い込むことに気を取られやすく、力んでしまいますので、むしろ**しっかり吐き切る**ことを意識してみてください。

人間の体は、空気をしっかり使い切れば、吸おうとしなくても空気が自然と入ってくるようにできています。

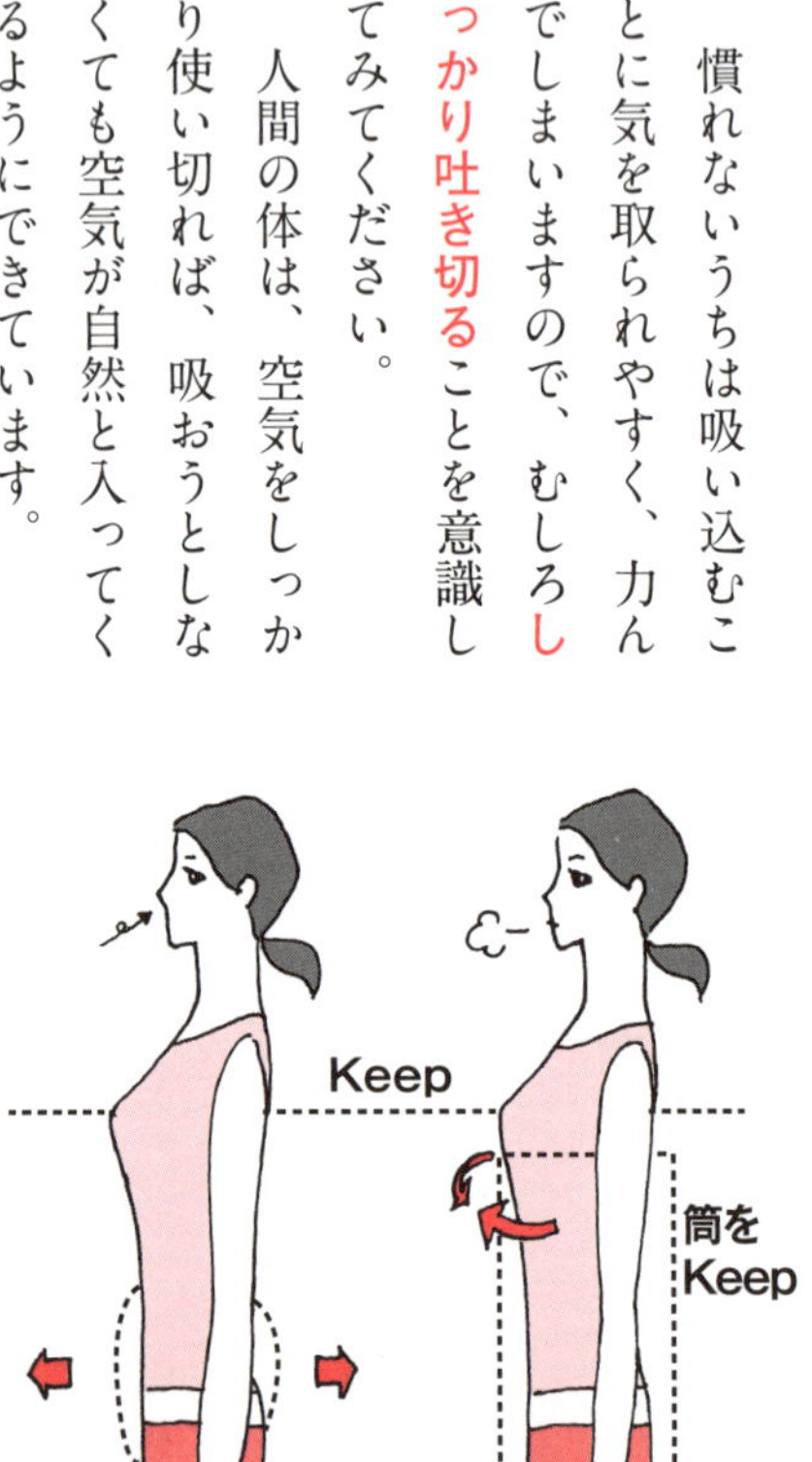

吐くときはあばらを締めるように。胸の高さをキープすると、空気の通る筒がつぶれない。

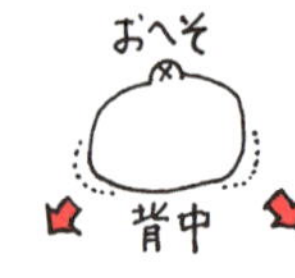

お腹は吸うときに膨らみ、吐くときに凹む。斜め後ろ側は吸うときに膨らみ、吐くときにも膨らむ。

❸ 発声

①、②を意識しながら、発声をします。

基本は「あ――」という長音です。

思いっきり大きな声を出すと、最初は10秒でもやっとの方もいると思いますが、無駄のない空気の取り込み方と吐き出し方がつかめるようになってくれば、記録は伸びます。私も、最初は12～13秒でしたが、1ヶ月の研修後、30秒を超えるようになりました。

息が少なくなってきたときの震えた声や蚊の鳴くような声は、使えない声なのでカウントしないようにします。

以上が腹式呼吸の基本です。

が、「やっぱり難しい」「よく分からない」という方のために、簡単に感覚をつかめる方法を次にご紹介します。

腹式呼吸の感覚をつかむ方法

寝転がって声を出す

寝転がると、自然と腹式呼吸になり、力まずに伸びやかな声が出る感覚を知ることができます。

私は今でもときどき寝転がって声を出して新聞を読んでいます。

ちなみに疲れが溜まって呼吸が浅くなっているときは、胸の周辺の筋肉が固まって、肺が膨らみにくくなっているので、鎖骨周りや肩甲骨周りをほぐすことも心がけています。

腰回りを膨らませる方法

椅子の背もたれなど、腰くらいの高さのものに手を置き、軽く前傾姿勢になり、鼻から息を吸う

これは、劇団四季などでも行われている方法で、息を吸うとき、片手を腰回りに当ててみると、背中側まで膨らんでいることが実感できると思います。

背中側にも空気を取り込む感覚をつかんで、より大きく膨らむように練習してみてください。

Point

まずは寝転がって声を出したり、椅子に手をついて呼吸をしたり、腹式呼吸の感覚をつかみましょう。

腰くらいの高さのものに手を置いて呼吸すると、腰回りが膨らむ感覚が分かります。

03 口・舌・顔の筋肉をほぐすエクササイズ

明瞭な音を出すためには、口や舌が滑らかに動くことと、母音をマスターしていること（口の開き方が正しいこと）が必要です。

まず、滑らかに動かすために、**口の周りの筋肉をほぐし、舌の筋肉などを鍛えましょう。**滑舌がよくなるだけでなく、**表情が明るくなる、フェイスラインが引き締まる、**という副産物も期待できます。

長年アナウンサーをやってきた私でも、フリーになってから習い始めたボイトレで、最初に頬をつままれたときは、あまりの痛さに悶絶しました。自分が思っているよりも、いろんなところが凝っているようです。

❶ 耳をほぐす

耳の周りにはたくさんの筋肉が集まっています。耳を付け根からしっかりつかんで、引っ張ったり、回したり、耳全体をもみほぐしたりするだけで、**顎関節周辺の筋肉がほぐれます。**最初は痛いかもしれませんが、**数十秒**で十分なので、続けてみてください。

- いろいろな方向に引っ張る
- しっかりつかんでグルグル回す
- 耳全体を後ろ側からもみほぐす　など

❷ 舌をぐるぐる回す

ゴリラのものまねのように、上の前歯の外側の付け根に舌を差し込みます。そこからほっぺた、下の前歯の外側の付け根、反対のほっぺた、ゴリラのものまね、と、舌をぐるぐる回します。**なるべく大きく、なるべく速く、**もポイントです。**左回り、右回り、それぞれ30周**くらいが目安ですが、慣れないうちは10周でも舌の付け根の辺りが疲れてくると思います。

このエクササイズは、**舌の筋肉を鍛えると同時に、口周りの筋肉をほぐす**ことができます（ほうれい線が薄くなるという噂も……）。

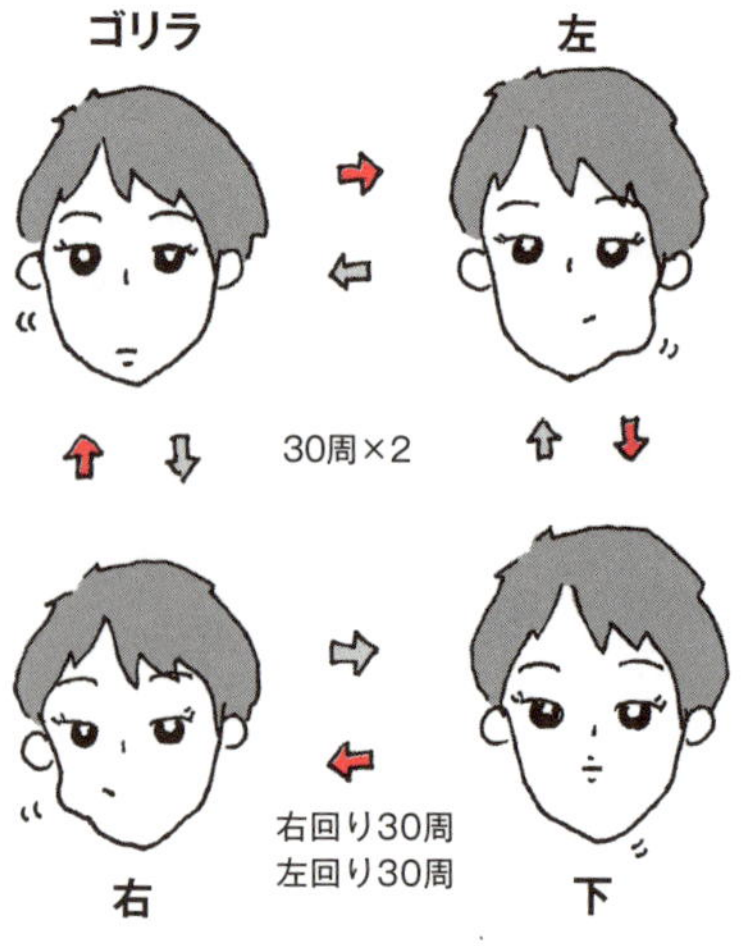

ゴリラ
左
30周×2
右回り30周
左回り30周
右
下

❸ 唇を震わせる

唇を閉じたまま、**余分な力を抜き、空気を出してブルブル震わせます。**少し唇を突き出すとやりやすいです。空気を一定の強さで出し続けることもポイントです。数回で、唇をほぐし、温めることができます。

❹ 巻き舌をする

口を少し開け、舌の先を軽く上あごにあてて、その間に空気を通すように息を吐き、舌をこまめに震わせましょう。声は出しても出さなくても大丈夫。数回でも、舌がほぐれます。

⑤下あごを緩める

無意識に奥歯を噛みしめている方、意外と多いのですが、これは大変な緊張状態。**下あごを緩め、上下の歯の間に薄いビスケット一枚くらいの隙間をつくる**だけで、あごの筋肉の緊張状態を改善できます。通勤電車の中でも、会議中でも、口を閉じたままいつでもどこでもできるので、気付いたときに緩めてあげましょう。

Point
顔は意外と凝っています。顔の筋肉をほぐすと、発音が明瞭になるだけでなく、表情も明るくなります。

上下の歯の間にビスケット1枚分の隙間をつくる。

母音をマスターしよう

唇や舌、顔の筋肉がほぐれてきたら、母音をマスターしていきましょう。**母音の口の開きが、明瞭な音の基本**になります。

❶まず、母音の口の開け方を練習しましょう。

「あ」は指が縦に3本入るくらい丸く大きく開く。
「え」は「あ」から下あごを少し上げる。
「い」は笑うように横に開く。
「お」も指が3本入るくらい縦長に開く。
「う」は少し唇を前に出し、小さくすぼめる。

一般的に発声練習は「あ え い お う」の順で行います。

鏡の前でチェックしながら、実際に声を出してみましょう。

どの母音も**前歯が見えるように口を開くことがポイント**です。頬が上がり、明るい声になります。口を開けるとき、下あごだけを動かすほうが楽なのですが、暗くこもった声になりやすいので気をつけましょう。

❷次に、口の中で響く感覚、共鳴する感覚を味わってみましょう。

ここで押さえておきたいのが、**口の中とは、口腔（口から喉）と鼻腔（鼻から喉）の両方を指す**ということ。口の中というと、食べものを噛む空間だけをイメージしがちですが、喉・鼻につながる空間こそがポイントです。

① 口を閉じ、まず普通に「ん――」と声を出します。

② 次に、そのまま**口の奥に卵が縦に入るイメージ**で口の中の空間を広げてみてください。

声の響き方に変化がありましたか？　喉につながる空間や、鼻につながる空間を意識できましたか？　この共鳴する感覚に慣れてきたら、

③ 卵をつぶさないように口を開け、「あ――」に変えてみましょう。

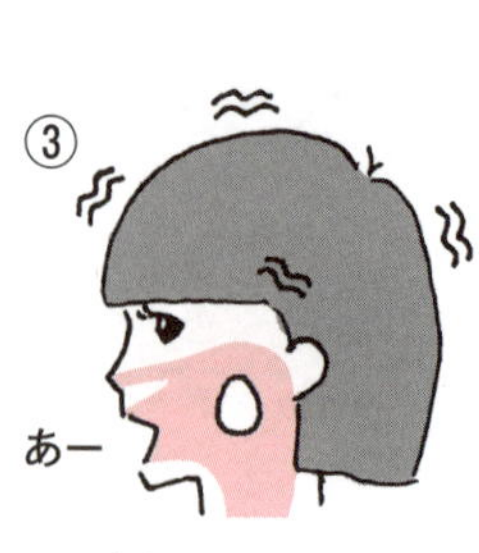

（卵を縦に入れるイメージで声を響かせる。喉につながる空間と、鼻につながる空間を意識する。）

卵をつぶさないように声を出す。

❸さて、いよいよ母音を響かせる番です。

卵を入れたままのイメージで、「あ　え　い　お　う」と声を出してみましょう。

①のときより、口は開かないと思いますが、**見た目の口の大きさではなく、口の中の広さが大切**なので、大丈夫です。むしろ、口の動きに引っ張られて、口の中の空間が狭くならないように（卵をつぶさないように）気をつけましょう。

Point

母音は発声発音の基本です。口の大きさより、口の中の空間の大きさを意識しましょう。

05 たったワンポイントで声を響かせる方法

よく響く声は、それだけで人を惹きつけます。

ここでは、アナウンサーのように研修を受けなくても、声が自然に響く、〝**即効性のある方法**〟をご紹介します。

❶ 気持ち猪木

口を開きながら**下あごを少し前にずらすと、顎関節が開いて口の中の空間（口腔と鼻腔）がより広がり、声が響きます。**

アントニオ猪木さんのマネといっても、数ミリ程度、気持ちだけです。鏡で見ても、猪木さんのマネとは分からないく

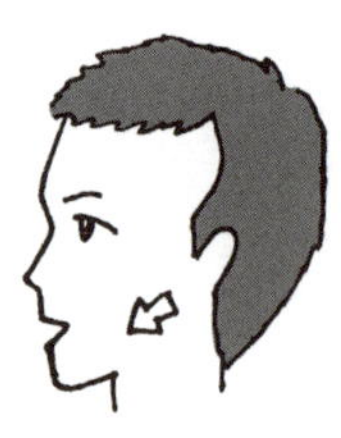

下あごを少し前にずらせば、口腔と鼻腔がより広がる。

らいほんの少し。やりすぎるとかえって窮屈な音になるのでご自分のベストポジションを探してみてください。

❷ 目を見開く

オペラを見たことがある方は、どの歌手も、ここぞという聞かせどころである動作をしていることにお気付きでしょうか。

実は皆さん、目を大きく見開いています。**目を大きく見開くと、自然と口腔と鼻腔が広がり、より声が響く**からです。

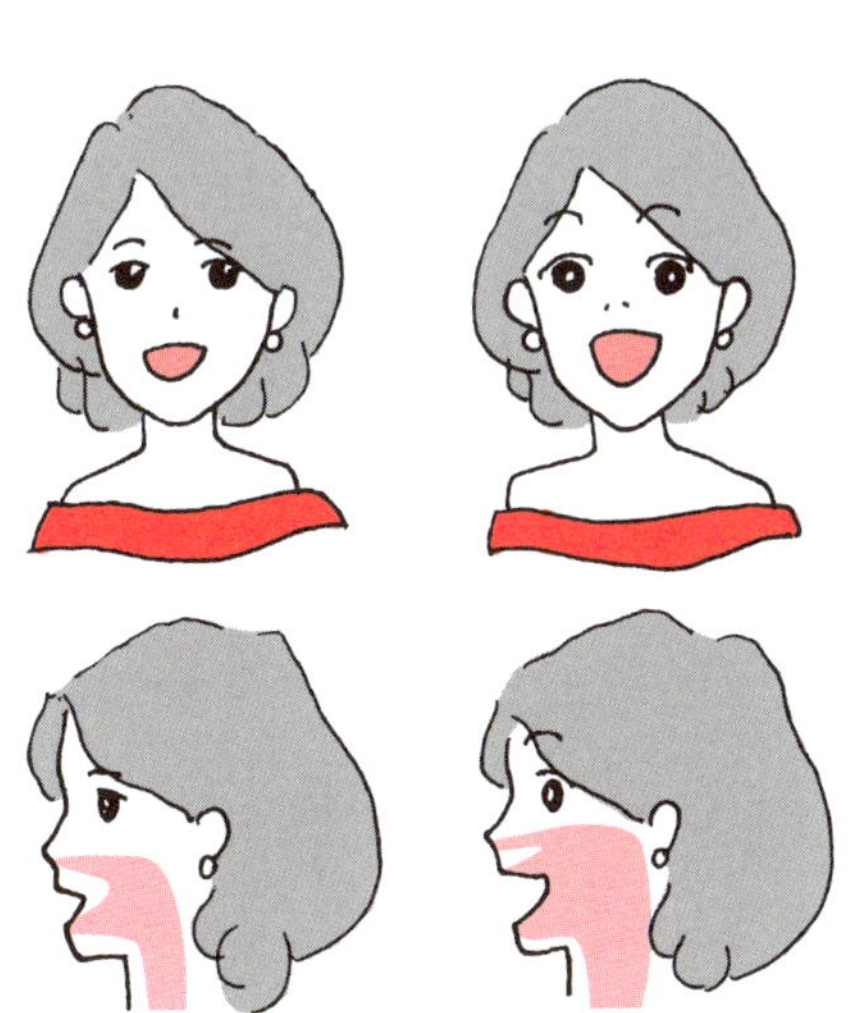

目を大きく開くだけで声が響くようになる。

❸モデル立ちする

顔やおへそは正面に向けたまま、どちらか片方の足のつま先を45度開くだけで声が響きます。

開いた足の土踏まずを、もう片方のかかとに合わせて立つと、さらに声が響きます。

不思議なもので、縦方向にはまっすぐ伸び、横方向にはひねりがあるほうが空気の通りがよくなり、より響くのです。まるで法螺貝のあの螺旋が、空気を震わせるみたいに。

この方法は、座っているときにも効果があり、ナレーションのとき、私も机の下で片足をガバッと広げているとか、いないとか……。

Point

響く声は、習慣で身につけていくものですが、いざというときには即効性のある裏技がオススメです。

イメージだけで声は変えられる

研修のとき、大きな声を出させるために「あの壁に声をぶつけてみて」というアドバイスをくれた先輩がいました。

声は、イメージするだけで、変えられるのです。

①**笑顔で、楽しいこと**をイメージすると**声が明るく**なります。

②**大きな会場で話す**イメージや、**遠くの壁にぶつける**ようなイメージを持つと、**大きな声**が出やすくなります。

③**ボールを下手から転がす**イメージを持つと、**ゆったりと優しい声**になります。

④**ボールを上から振りかぶって投げる**イメージを持つと、**声にパンチ力**が出ます。

⑤**胸元に世界一大きなダイヤモンドのネックレスをつけている**イメージを持つと、

自然と胸を張り、**伸びやかで張りのある声**になります。

イメージするだけでなく、実際に投げたり転がしたり、動きをつけると感覚をつかみやすくなり、体もほぐれるのでオススメです。

もう一つ、印象に残っているアドバイスが、**「自分のおばあちゃんに話すつもりで読みなさい」**というもの。緊張していたり、呼吸が浅かったりすると早口になりやすいので、高齢の方でも聞き取りやすいようにスピードをコントロールするのが目的。

と同時に、**身近な人をイメージすると〝伝わる話し方〟に近づく**という効果や、**大事な人をイメージすると声が温かくなる**という効果もあるものでした。

ちなみに赤ちゃんについ赤ちゃん言葉で話してしまう方は、素質があると思います。

Point

伝える相手、伝える内容をイメージすると、ふさわしい声に近づきます。

07 滑舌練習で明瞭な音に

不明瞭な音は聞き手にストレスを与えてしまいますので、滑舌練習はアナウンサーの必須科目です。

ちなみに私は「しゃしゅしょ」や、空気がたくさん必要な音などが苦手です。
司会を務めているBS日テレの『歌謡プレミアム』では、「紅白初出場」というコメントが多く、いつも緊張します……。「きゃりーぱみゅぱみゅ」さんが上手く言えず、ご本人に突っ込まれ、「ぱ」だけ意識すれば言えますよ、と教えていただいたことも。

アナウンサーが早口言葉を練習するのは滑舌をよくするためなので、**早いことよりも明瞭に発音できていることのほうが大切**です。

苦手な音は、つい早口でやり過ごしたくなりますが、舌足らずとは、足らずと言いながら実は、舌余り。舌が長かったり厚かったりする状態なので、むしろ**ゆっくり堂々と話したほうが、よりよく発音できます。**

では、口の回り（動き）をよくする基本の練習方法を見ていきましょう。

❶「あ　え　い　う　え　お　あ　お」
「あいうえお　いうえおあ　うえおあい　えおあいう　おあいうえ」

一音ずつ区切って発声したり、すべてをつなげつつ一音一音がクリアに聞こえるように発音したり、工夫次第でいろんな練習ができます。「あえいうえおあお、かけきくけこかこ……」と、わ行まで通す練習もあります。

2 「あかさたなはまやらわ　いきしちにひみいりゐ　うくすつぬふむゆるう　えけせてねへめえれゑ　おこそとのほもよろを」

同じ母音が続くと音が流れやすくなるので、一音一音くっきりと発音する練習にピッタリです。

3 「だら・でれ・どろ」×3回&「らだ・れで・ろど」×3回　「だぞ・ざど」×3回&「どざ・ぞだ」×3回

「栃乃洋(とちのなだ)など」「コロラドロッキーズ」などの原稿が実際にあるので、毎朝練習していました。アナウンサーでも苦労するワードですが、舌を動かす練習になります。

Point

早口は必要ありません。口や舌の動きをよくする練習をしたら、苦手な音ほど丁寧に発音しましょう。

重心の位置で声は変わる

平昌オリンピック金メダリストの小平奈緒選手。そのトレーニングで脚光を浴びた一本歯の下駄。実は私も、以前から持っています。しかも二種類も。

The VOICEnessの近藤先生が**重心が発声のポイントになる**という独自の理論に基づき、小平選手と同じ前半分の下駄を改良、さらにかかと重心の一本歯の下駄まで開発したからです。

声は、重心の位置が、前にあるか後ろにあるかだけでも変わります。

つま先に体重が乗っているときは、声の圧力が増します。声が明るく力強くなり、声量も出やすくなります。前に突き抜ける印象で、**主張のある声**になります。

❷後ろに重心があるとき

後ろといっても、かかとではなく、**くるぶしの下**くらい。ここに重心があると、呼吸が深くなり、ゆったりと**力みのない豊かな声**になります。

体の後ろ側の筋肉を使い慣れていない方は、後ろに倒れそうになると思いますので、大昔に生えていた尻尾が、地面までまっすぐ伸びて、体を支えているイメージを持つと立ちやすくなります。できれば、力まずにすっくと立てるように、太ももの後ろ側やお尻の筋力アップもがんばってみてください。

Point

基本はかかと重心でゆったりとした声を。
いざというときには前重心で強い声を。

動物の鳴きマネで音域を広げる

音域を広げたい方は、犬・猫・象など、動物の鳴きマネがオススメです。

まずは**姿勢や動きからマネする**とイメージしやすいと思います。

犬なら四つん這いになる。猫なら背中を丸めてみたり、伸びをしてみたり。象の鼻の動きをしながら「ぱお——ん」と叫んでみたり。小さな声ではなく、アフリカの大地にいるような気分で、のびのびと大きな声でやりましょう。不思議と力まずに、高い音や大きい音、いろんな声色を出すことができます。

大切なポイントは、**ちゃんと発音しないこと。**

動物の鳴き声は、日本語と英語でも違いますよね。**カタカナで表記できないような、**

リアルな声をマネします。たとえば犬なら四つん這いになって、口の動きは意識しないで、お腹からポンプのように空気を押し出すと、勝手に声が出てきます。

犬の鳴きマネでも、大型犬と小型犬では、音の高さだけでなく、音の出し方が違います。特に、大型犬が「バウ！」と威嚇する声などは、腹式呼吸の感覚をつかみやすいと思います。慣れてきたら、怒っているときや喜んでいるとき、といった変化もつけてみてください。

最初は恥ずかしいかもしれませんが、何も考えずに思いっきり声を出すのは、気持ちのいいものですよ♪

Point

動物の鳴きマネは、心も体も解放してくれて、音域も、声量も、声そのものも、幅を広げてくれます。

CM中 ❷

本番では腹八分

マラソンの瀬古利彦さんも高橋尚子さんも、42・195㎞のために、長いときは1日に80㎞も走り込んだそうです。増田明美さんは現役時代、毎日1000回もの腹筋を自らに課したそうです。

レースのとき、『誰よりも努力を積み重ねてきたのだから、絶対に負けない』と、不安を打ち消せるように。自分を奮い立たせるために。練習で目一杯追い込むことで、本番では心身に余裕が持てるようにしていたのですね。

不言実行のトップアスリートたち。私もそんな風になりたい、と思うものの、なかなか……。

「テストで100点を目指していては100点が取れない」ように、母音のエクササイズなども、練習は120%でやると効果的です。そのほうが、成長につながります。そして、実際に人前で話すときなどは、70～80%くらいの力加減、腹八分目がいい塩梅かと思います。

Part 3

「技①」話し方を磨く

「技①」イントロダクション

技は、意外と身近にあるもの

コミュニケーションの心技体、「体」の次は**「技」**です。

「技」は、一言でいえば表現力ですが、大きく分ければ「話し方」と「言葉遣い」になります。

『ザ！鉄腕！ＤＡＳＨ!!』（日本テレビ）は、何かと便利な今の時代に、ゼロから何かをつくり上げるなど、〝ガチンコ勝負〟が人気の番組ですが、〝**七五調の名調子**〟も、その人気に一役買っています。

日本人の体にしみ込んでいる調べに乗せて、男たちの汗と涙と笑いを盛り上げる、という「技」が光ります。

アナウンサー研修では、発声発音の後、ナレーション原稿やニュース原稿で読み方を習うので、第3章ではまず「話し方」について、次の章で「言葉遣い」について見ていきます。

ナレーションやニュースの技と聞くと、ハードルが高く感じるかもしれませんが、実は、**自然体のときには無意識にできていること**がほとんどです。ただ、無意識のものはコントロールができず、得てして、いらないときほど顔を出し、必要なときには役に立ってくれないものです。

すべては〝慣れ〟。意識してコントロールできるところを目指しましょう。

ナレーションにみる話し方の基本

話し方の基本となるナレーションの技術は、大きく分類すると、4つの要素があります。

①**高低**（音の高さ・低さ、抑揚）
②**緩急**（話すスピード、リズム）
③**強弱**（音の大きさ・小ささ）
④**間**

私たちは普段から、この4つの要素を無意識に組み合わせているのですが、組み合わせ次第で印象が変わります。一例を挙げてみると……。

芸人さんの多くは、
高く、速く、話します。
「元気」「楽しい」「勢い」

幼稚園や保育園の先生の多くは、
高く、ゆっくり、話します。
「明るい」「優しい」「大らか」

リーダーの多くは、
低く、速く、話します。
「力強い」「切れ者」「勇気」

大御所やご意見番は、
低く、ゆっくり、話します。
「説得力」「知性」「安心感」

話し方の4つの要素が与える印象

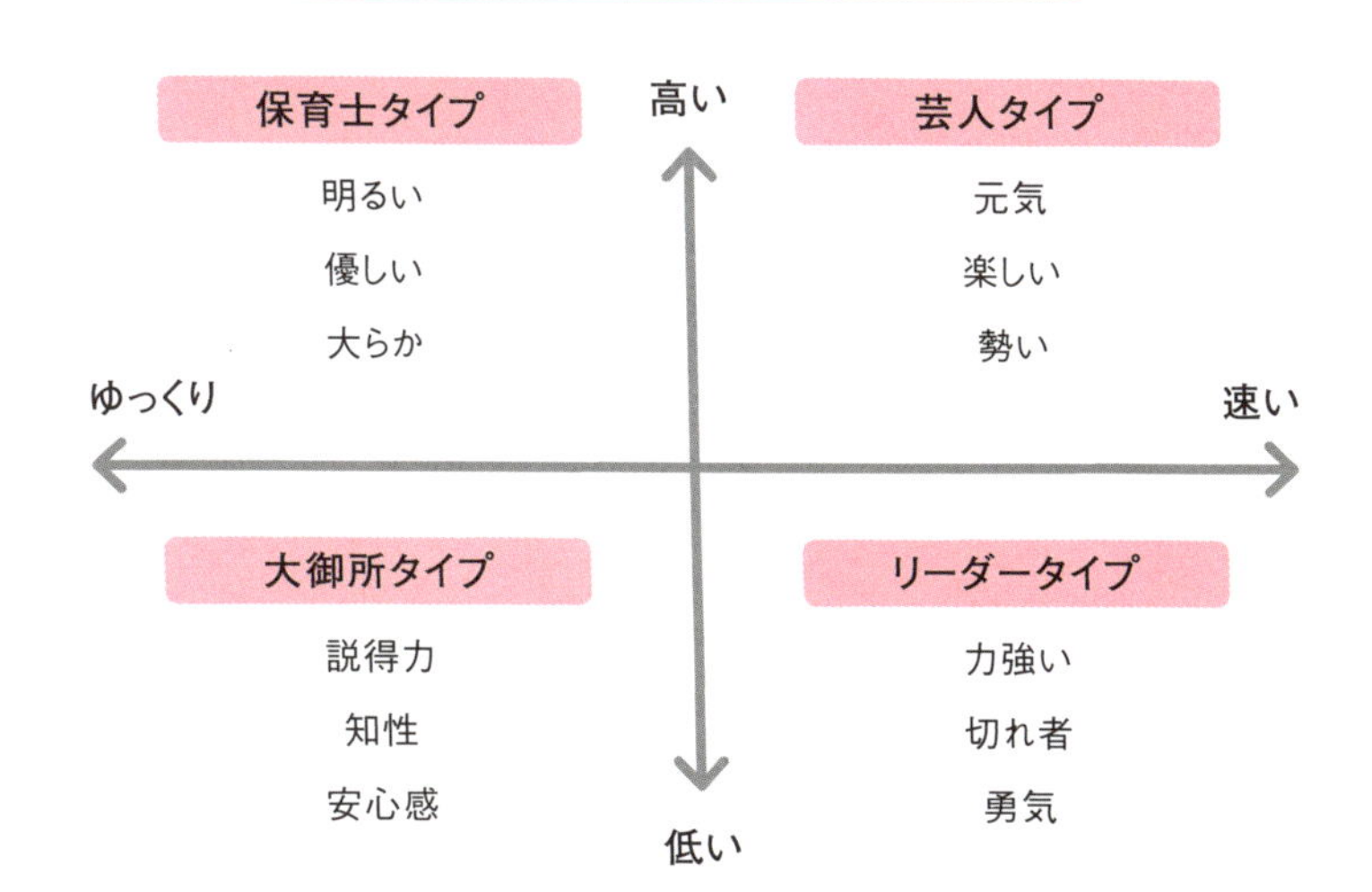

ところが、緊張していたり、慣れていなかったりすると、音が高いまま、弱いまま、同じスピード、同じ間合い……といったように単調になりやすいので、注意が必要です。

メロディにいろんな音階があり、強弱があり、いろんな音符や休符の長さがあるように、**話し方も、音の高低や強弱、スピードや間に変化があるほうが、聞きやすく、人を引きつけます。**

それぞれ詳しく見ていきましょう。

Point

高低・緩急・強弱・間が単調にならないように気をつけましょう。

話し方のTPO

服装にTPOがあるように、伝わる声や話し方も、場面ごとや伝えたい内容などによって変わります。高低・緩急・強弱・間を変えるだけでも、印象が変わります。

❶高低（抑揚）

高い声は、明るさ・元気のよさ

全体的に高めの声で話すと、声が通りやすく、聞き手の気持ちも明るくなります。**聞き手が多いとき、会場が大きいとき、華やかな場などに。**

部分的に高い音にすると、その言葉を強調できます。特にスローガンなど、勢いのある言葉に向いています。

低い声は、落ち着き・信頼感

全体的に低いトーンで話すと、落ち着いた印象を与え、ぐっと惹きつける効果もあります。**少人数のとき、じっくりと話すとき、説得したいときなどに。**

部分的に低い音にすることでも、その言葉を強調できます。特に含蓄のある言葉、肚(はら)に落ちる言葉などに向いています。

❷ 緩急（話すスピード・リズム）

速いスピードは、テキパキとした印象

全体的に速く喋ると、**デキる人という印象を与え、聞き手の気持ちを上げる効果も**あります。

部分的に速く話すと、その部分に軽やかさが出ます。楽しい話題や、勢いをつけたいときなどに向いています。

ゆっくりとしたスピードは、安心感

全体的にゆっくり話すと、優しい人、または、頼れる人という印象を与え、**聞き手に安心感や信頼感を与える**ことができます。

部分的にゆっくり話すと、その言葉が印象に残りやすくなります。大切な言葉や、言い含めたいときなどに向いています。

大きい声は、力強さ

全体的に大きな声で話すと、元気でパワフルな印象になります。**鼓舞するとき、注意を引きたいとき**などに向いています。

部分的に大きく話すと、その言葉にインパクトを与えることができます。

小さな声は、優しさ

全体的に小さな声で話すと、耳を傾けさせる効果があります。**距離が近いとき、少**

人数のときなどに向いています。相手が大勢のときでも、注意を引きつけることがあります。

部分的に小さく話すと、その言葉の存在感を浮き彫りにすることができます。

④ 間

お笑いでも、「間」一つで面白さが倍増したり半減したりします。今大人気の『世界の果てまでイッテQ！』（日本テレビ）も、一番のミソは「**間**」だと聞いたことがあります。

編集の最小単位は一コマ約0・034秒。わずか一コマ早いだけで、視聴者はついてこられない。反対に一コマ遅くても、先を読まれてしまう。企画、出演者、素材（撮影したもの）を最大限に生かせるかどうかは、タイミングを狙い澄ました「間」にかかっているのです。

楽譜の休符は、長さもタイミングもいろいろですが、会話の「**間**」も同じ。

特に、強調したいところ、注目してほしいところの前か後ろに適度な間を入れると効果的です。

Point

高低・緩急・強弱・間を使い分けると、より印象に残る話し方になります。

聞かせどころを絞る

コミュニケーションの心技体を「体」から始めたように、「一つひとつの音をはっきりと丁寧に音声化する」ことが基本ではありますが、それはあくまで、基本の基。**音声化することと、伝えることは、全く別物**です。

ニュースの研修で、渡された原稿を初見で声に出して読んだら、「それで中身が分かるのか？」と注意されました。**まず内容を理解して、どう読むのかを考えてから、声に出す**、というステップを踏むことで、伝わる読み方・話し方になります。

そして「どう読むか」のポイントの一つが、「聞かせどころを絞る」こと。

音声化に気を取られていると、一音一音、一語一語、すべて大事に読んでしまい、結局どこが大事なのかが、伝わらなくなってしまいます。長身のバレーボール選手だけがいるコートでは、みんな普通に見えてしまうみたいに。

一つひとつの音をはっきりと丁寧に音声化する。

この冒頭の一文を伝える場合、研修時代の私なら、「一つひとつ」「音」「はっきりと」「丁寧に」「音声化する」と全てに全力投球していましたが、今なら、「はっきりと」を明瞭に大きめに、「丁寧に」を少しだけゆっくり、ほかはサラリと読みます。

一つひとつの音を**はっきりと**（大きめに）**丁寧に**（ゆっくり）音声化する。

すると**自然な抑揚がつき、全体が単調**になることを防ぐことができます。

Point

内容を把握した上で、聞かせどころ、力の入れどころを絞ると、全体が生き生きとした自然な話し方になります。

語尾で知的な喋りに

新人のころ、ナレーション研修では、文末にいくほど息に余裕がなくなり、尻すぼみになる点を注意されました。

フリートーク研修では、だらだらと一文が長く続いてしまうことや、文末がモゴモゴともたつくことを注意されました。

語尾が締まらないとせっかくの中身を台無しにしてしまいます。反対に、**語尾を引き締めるだけで、全体の印象がまとまり、知的に聞こえます。**

ではどうすれば、語尾を引き締めることができるのでしょうか。

❶語尾を伸ばさない

「私って〜、涙もろいじゃないですか〜」というように、**語尾を伸ばしてしまうと、幼稚な印象を与えてしまいます。**ちょっと不自然ですが、句読点「。」「、」ごとに口を閉じる、「〜」の代わりに句読点を読むつもりで話すなど、語尾を伸ばさない意識を持ちましょう。

❷語尾をキレよく

私が特に注意されたのは、「〜でした」の〝た〟が緩い、ということでした。「〜でしたっ」と、**語尾に〝っ〟をつける**とキレがよくなります。

❸語尾の音を下げる

文末で息に余裕がなくなってくると、音をコントロールしづらくなります。語尾の音が、上がるわけでもなく、下がるわけでもなく、所在なく宙に浮いた感じになりやすいので、注意が必要です。**語尾の音を下げたほうが落ち着いた印象になります。**

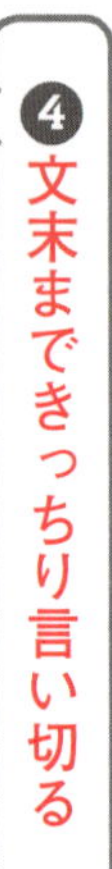

❹文末まできっちり言い切る

「あの～すみません……。こちらをもう一部……」よりも、「お手数をおかけしますが、こちらをもう一部お願いします」のように、**文末まできっちり言い切る**こと。そして**一文をコンパクトにする**こと。この二点に気をつければ、知的な印象を与えるだけでなく、伝わりやすくなります。

そのためには、**文末の言葉や言い回しのバリエーションを増やす**ことがポイント。たとえば「～と思います」ばかりだと、単調で幼稚に聞こえてしまうので、「～と存じます」「～と感じます」「～と考えています」「～と気付きました」「～と分かりました」「～という次第です」など、適宜言い換えましょう。

Point

語尾が落ち着き、まとまっていると、
知的な印象を与え、説得力・信頼感が増します。

05

固有名詞に慣れておく

アナウンサーは原稿の中で、大切なところや絶対に間違えてはいけないところに印をつけます。その代表格は、数字と固有名詞です。

言葉は何でもそうなのですが、**ただ知っているのと、普段から口にしているのとでは、伝わり方に差が出ます。**たとえば、もし俳優さんがドラマで、役名を自然と口にすることができなかったら、演技どころではありません。反対に、小学校のとき、先生をうっかり「お母さん」と呼んでしまったことからも、普段から言い慣れている言葉は無意識でも口をついて出てくるということが分かります。

固有名詞は、それだけで情報の質が高いものです。もしアナウンサーが、国内外の要人や、地名、ニュースに出てくる専門用語などをぎこちなく読んでいたら、ニュースの中身が伝わりません。こうしたことから、固有名詞に慣れておくことが大切です。

ビジネスシーンの場合、特に、**相手の社名、部署名、担当者名、商品名**など、相手が大切にしているもの、相手のアイデンティティに関わるものほど、重要です。もちろん、自分のアイデンティティに関わるものもおろそかにできません。

専門用語や新しい言葉など、相手にとって馴染みの薄い固有名詞の場合は、なるべく簡潔に、かつ分かりやすく言い換えることも必要です。

たとえば、カーリングのスウィーピングを、「氷をブラシでシャカシャカする」と言ったほうが、子どもからお年寄りまで分かりやすくなるように。

では、どうやって**固有名詞に慣れるか。それは、実際に口に出すこと**が一番です。

私たちは、言いにくい言葉や初めて口にする言葉が原稿にある場合、本番前の下読みなどでその言葉だけを何度も口にして、慣らします。

日頃から、打ち合わせや社内報告などであえて固有名詞を口に出すのもいいかもしれません。「A社の案件ですが……」という報告を「A社の◯◯（商品名）について◯◯（担当者）さんに確認しましたが……」とするだけでも、馴染んでくると思います。

Point

固有名詞は特に大切な情報です。普段から口にして、言い慣れておきましょう。

録音して、耳を鍛える

いろんな音階やリズムで鳴く鳥は、小さいころから様々な鳴き声を聞いているそうです。一方、単調な鳴き声しか聞いたことのない小鳥は、単調な鳴き方しかできないと聞いたことがあります。多彩な声を聞いて育つと、自然と上手になるというのです。

新人時代、「下手な喋りを聞くと下手になるぞ」と言われたことがあります。ずいぶんな物言いに驚きましたが、「いいアナウンサーは耳がいい」と言われるのも事実です。それだけ、**耳は大切**なのですね。

ある噺家(はなしか)さんの高座を、舞台袖から聞いたときのこと。ふと、目の前にICレコーダーがあることに気付きました。すでに人気のその方の、芸道を極めんとする姿勢を垣間みて、雷に打たれたような、でも心洗われるような、なんとも言えない衝撃を受けました。

慣れるとすぐにサボリ癖が出てしまう自分を反省……。

今はスマホで済みますが、20年前はＩＣレコーダーがアナウンサーグッズの一つでした。**録音して聞き返す**と、**自分の癖や実力を客観的に捉えることができる**上、上手い人とそうでない人との**違いを聞き分ける耳が鍛えられる**ので、お試しください。


日常会話を録音するのもオススメです。

練習では、音域やスピードやいろんなものが不自然でぎこちなくなってしまいがちですが、日常ののびのびした喋りを録音してみると、**自分のポテンシャルを知ることができる**のです。

「意外と高い声まで出ているな」とか、「こんなトーンも出せるのか」とか。

女優さんはつらい目に遭ったとき、絶望したときの人間はどん

な表情になるのかと、鏡の前に立つ。と聞いたことがありますが、日常にこそヒントが潜んでいるのですね。

もし、あの人のように喋りたい、あの人のようなプレゼンをしたい、という目標がある方は、その方のマネをしてみることもオススメです。

Point

録音した自分の声を客観的に聞くと、癖にもポテンシャルにも気付けます。

反射神経を鍛える

芸人さんの多くは楽屋では寡黙で、その分本番で爆発させる、と聞きますが、対照的にアナウンサーは、テレビより喋る人が多い気がします。私自身、マツコ・デラックスさんに「あんなに喋る人だと思わなかったわ」と驚かれたことがあります。

理由は、「テレビではMCやタレントさんを立てて、自由に話せないから」だと、バラエティ番組で話したことがありますが、もう一つ大きな理由があります。

スポーツ実況の名人と言われる人は、立て板に水の古舘伊知郎さんタイプと、言葉を削ぎ落とした小川光明さんタイプに分かれます。小川さんは元日本テレビのアナウンサーで、長嶋茂雄さんや王貞治さんからも絶大な信頼を寄せられ、箱根駅伝の実況で日本のお正月を彩ってきた方です。伝え手として、言葉とリズムで盛り立てるか、俳句のような味わいでうならせるか、という美学の違いこそあれ、実はどちらのタイプもいくらでも喋れるのです。

若手がいきなり小川さんタイプの実況をしたとき、「君は、楽しているだけだ」と注意されていました。上手く音声化できない中でやっとこさ出る一言と、数多の引き出しの中から瞬時に選び抜かれた一言とでは、雲泥の差があるのです。

まずは、**見たもの、感じたこと、思ったことを言葉にする〝反射神経〟を鍛えることが大切**です。

私は、新人時代によく先輩から絡まれ、この反射神経がいかにないかを思い知らされました。

「今日のロケはどうだった？」

「はい……楽しかったです」

「何がどう楽しかったんだ？　伝わらないぞ」

いつも不意打ちで、いつも結果は散々でしたが、先輩は絡み続けてくれました（笑）。

なぜ先輩は絡んできたのか。なぜお喋りなアナウンサーが多いのか。それは、**話せる人が黙ることはできますが、話せない人が言葉を紡ぐことはできない**からだと思います。

『踊る！さんま御殿!!』などのトークバラエティでは、瞬発力・反射神経が必要で、ちょっと言い淀んでいるうちにチャンスは逃げてしまいます。

スポーツ実況に限らず、原稿読みの練習、外郎（ういろう）売りの滑舌練習、下読み、打ち合わせ、本番、先輩の絡み……、**多くの言葉を実際に口に出すことで、反射神経が鍛えられてきました。**

お喋りしたり、何かを声に出して読んだり、機会を見つけて反射神経を鍛えておきましょう。

Point

言葉にも、反射神経や瞬発力があります。

CM中 ③

「SNS」考

ネット上では誰もが、顔も名前も出さずに情報発信できます。匿名だからこそ、個人で間違いを正すことだってできます。反面、過激な発言をする人や、一方的に非難や暴露をする人、情報の真偽を確かめずに転載する人などがいるのも事実です。

テレビ局は、情報をつかんでいても、自分たちで裏の取れないものは放送しないのが基本姿勢。“情報発信者としての責任”があるからです。それに比べてネットは自由です。世界中に自由に情報を発信できます。

でも本来、自由とは責任が伴う権利です。私は、**一個人であっても、情報発信には責任が伴う**と思っています。情報を扱う基本は、自分が直接見聞きしたものを、ニュートラルに発信すること。確かめられない情報を鵜呑(うの)みにしないこと。

発信者にとってSNSは、DAIGOさん風に言うと、Shakai Ni Sekinin（社会に責任）を負うツール、でしょうか。

一方、受け手が、〝メディアリテラシー〟を身につけることが重要と言われて久しいですが、実は日常でも、この感覚は大切だと感じています。

「○○ちゃんて、××らしいよ」という噂話には、間に入った人のバイアスがかかっています。しかも、言った本人には悪気も自覚もないことも多いようです。ですから、受け手は常に、この情報にはどれだけの尾ひれや他人の思惑がくっついているのか、事実は何なのか、ということを、ニュートラルな姿勢で見極めることが大切です。

友だちから何か話を聞いたとき、「火のないところに煙は立たないというし、喋っちゃえ！」と誰かを傷つけてしまうのか、「本当かどうか分からないからやめておこう」とそれ以上傷つけずに済むのか。

人に真摯に、情報にニュートラルに接する姿勢は、心ある人の目に、信頼に足る人物として映ります。

受信者にとってSNSは、Shinshi（真摯）でNeutral（ニュートラル）なShisei（姿勢）と言えるでしょうか。

Part 4

「技②」言葉を磨く

00

「技②」イントロダクション

相手の立場に立つ

採用試験で、「いまいち」という言葉を使ったら、面接官のアナウンサーが即座に「今ひとつ」ですね、とふさわしい表現を教えてくれました。『こんな強面のおじさんが、こんな柔らかい言葉を使うのか……』と、驚いたことを今でも覚えています。

言葉そのものにも〝温度〟があることに気付かされました。

そういえば小学生のとき、「〜のやつ」と言ったら先生に、「『〜のもの』と言いなさい」と注意されたこともありました。

受験シーズンの放送では、あいにくの雪のとき、「足元が滑りやすいので」とは言わず、「足元にお気をつけください」と言い換えます。

オリンピックなどの大舞台では、たった一つ言葉の選択を誤ってしまっただけで、アナウンサーが非難の的になることもあります。


言葉の受け取り方は人それぞれだからこそ、**相手の立場に立った分かりやすい表現**を探し、**不快感を与えない言葉遣いや言い回し**を心がけます。

では、具体的にどうするのか、見ていきましょう。

なぜ語彙力が大切なのか

アナウンサー試験の途中、「きれいという言葉を使わずに、花の美しさを表現してください」というお題が出ました。華やか、良い香り、芳しい、鮮やか、可憐……。みんなが、少しずつ言葉を出し合いました。選ぶ言葉によって、バラ、百合、かすみ草など、思い浮かぶ花は異なります。

日本語は、気象に関する言葉が他の国よりも多く、特に雨に関する言葉が多いことはよく知られています。これは、日本人の生活が雨と深く関わりがあるためですが、日本人にとって、雨は「ただ空から降ってくる水」以上に意味を持つもので、**語彙の数だけ、雨の数があり、細かな違いを認識できている**ということです。

つまり、**語彙力が豊かということは、繊細な違いを認識できる感性と、その違いを的確に表現できる能力が、豊か**だということになります。

そのため、**語彙力が豊かだと、細かなニュアンスやディテールも伝えやすく、共有しやすくなります。**

ちなみにニュースや情報番組の打ち合わせでは、事実確認や細かな言い回しなどがメインになりますが、バラエティ番組では、方向性やスタンスなどの確認も多いため、打ち合わせでも本番でも、より語彙力が試される気がしています。

Point

語彙力は、繊細な違いが分かる〝感性〟そのもの。豊かな語彙に触れると、感性も磨かれます。的確に細やかに表現するために、語彙力を磨きましょう。

読書家じゃなくても語彙力を磨ける方法

読書をすれば、著者の語彙力にあやかれるし、音読すれば、言葉がより身につくわけですが、読むのが遅くて読書家なわけでもなく、作文が得意なわけでもなかった私でも、次のことを実践して、語彙力がついてきました。

❶ あえて制限を設ける

天気予報は、朝・昼・夕方・夜、と一日に何度もありますが、なるべく、人と同じことを言わないように気をつけていました。晴天が何日も続いたときなど、いよいよ本当にネタ切れになるのですが、それでも意地で、絞り出しました。

ネタを足で稼ぐほかにも、歳時記をめくり、辞書をめくりました。実際に使うネタや言葉は一つでも、**調べる過程で触れた言葉は財産**になります。

また、10秒に収めるための試行錯誤は大変でしたが、**時間の制限があることで、言葉を吟味すること、時間内に収まる言葉や言い回しを探すこと**につながりました。

さらに、今の今まで知らなかった言葉でも、意味を理解するだけでなく、使いこなさなくてはなりません。意味とともに実用例を学び、**何度も下読みするうちに、前から知っていた言葉かのように話せるように**なりました。

制限をかけることで、言葉を仕入れる必要に迫られる。そのとき、調べるだけでなく、実際に使ってみることで、実践的な語彙力が身につきます。

ちなみに、LINEのグループトークなどでもこの職業病が出るので、なるべく、他の人より早くお返事するようにしています。もし出遅れてしまったときは……スタンプで誤魔化すこともありますが（笑）。

クマった…

❷ 最初に浮かんだ言葉は捨てる

これは、読売新聞の記者のお言葉で、記者として、ご自分に課していたことだそうです。**最初に浮かんだ言葉は、誰でも簡単に思い浮かべる言葉。**すでに誰かが使っていることも多い。だから、捨てる。

誰もが思い浮かべる言葉を捨て、誰にも届く言葉を探す。**単に違う言葉を探すのではなく、よりふさわしい言葉を探す。**その苦労は、想像に難くありませんが、こうした〝縛り〟があるほうが、「必要は発明の母」となり、語彙力を鍛えてくれるようです。

ちなみに私はごはんを食べているとつい、どう美味しいのかをあれこれ喋り続けているようです。より相応しい表現を探して、『この言葉だ！』『この表現だ！』としっくりくるまで続きます。友だちに笑われて気付いたのですが、これも職業病かもしれません。

❸ 手紙を書く

「手紙を書くのはいいよね。書き言葉には、話し言葉にない格式があるだろう」と徳光和夫さんがおっしゃっていました。

話す場合と異なり、一方通行のため、より言葉や構成を吟味する必要もあります。

「拝啓」には尻込みしてしまうかもしれませんが、はがき一葉やメッセージカードなら、書く機会を増やせそうです。

子どものころはよく、母の書いたはがきをポストに出すお使いをしていたのですが、道中に見る〝大人の言葉〟は刺激的でした。

実家のテレビ横には辞書があり、知らない言葉の意味を聞くと、「自分で調べなさい」と言われたことも今となっては感謝です。

Point

普段使う言葉に負荷や制限をかけることで、語彙力は磨けます。

ポジティブな言葉選び

プライベートでは、「でも」「だって」が口癖の私も、仕事では、「はい」「確かに」などの肯定的な言葉や言い回しを心がけています。

いまいち→今ひとつ
いちいち→わざわざ
〜のせい（あなたのせい）→〜のおかげ（あなたのおかげ）
〜でいい（君でいい）→〜がいい（君がいい）
変わっている→個性的、キャラが立っている以上はほんの一例ですが、**言い方一つ、言葉の選び方一つで、印象が変わり、受け手のモチベーションも変わります。**一つでも多く、ポジティブな視点で、ポジティブな言葉や言い回しを選んでみましょう。

ちなみに「ポジティブ」を調べてみると、「前向きな」「楽天的な」という意味のほかにも、「肯定的・好意的、建設的・積極的、実務的・現実的、ためになる」という意味もあることが分かりました。

となると、ポジティブじゃなきゃダメよ！と人に押しつけるのは相手に対して肯定的とは言えないですよね。

相手に対して肯定的、好意的、現実的、建設的、であるかどうかを基準にしてみると、本当のポジティブな言葉選びになるかもしれません。

Point

ポジティブな言葉は、相手にまっすぐ届きやすく、相手のモチベーションを上げてくれます。

エピソードに落とし込む

たまにOG訪問を受けるのですが、皆さんに共通しているのが、**具体性が乏しいこと。**一日に何十人・何百人と会う面接官の立場で考えると、内容も熱意もみんな同じ、〝模範回答〟のように聞こえてしまうのです。

思いはあるのに、一歩抜けたレベルで表現できるほどには、成熟していないことが理由だと思います。その証拠に、具体性がないと感じたところ、差別化できていないと感じたところを掘り下げて聞いていくと、説得力のある話が出てきます。

就職活動に限らず、新しい職場での自己紹介や営業先での挨拶など、自分のことを話す機会も少なくないと思いますが、ポイントは二つ。

❶ 本音・本質を突きつめる

坂上忍さんやマツコ・デラックスさん、有吉弘行さんが人気なのは、お人柄はもちろん、毒舌という名の本音・本質を語っている点が大きいと思います。きれいごとだけよりも共感できて、親近感が湧きます。

丸裸になる必要はないのですが、本当の奥に、本当の本当があって、その奥に本当の本当の本当があります。学生さんの話したいことを掘り下げるときも、一発ではたどり着けません。「どこまで深く自分の本心を理解しているか」「どこまで深く本質を見抜いているか」がとても大切です。**本音や本質から目を逸らさない姿勢が、人間味を増してくれる**からです。

❷ 辞書に載っている言葉より、具体的なエピソードで語る

たとえば「私は食いしん坊です」などと、自分を修飾語だけで表すのはもったいないこと。辞書に載っている、誰でも使える言葉だからです。一方、**自分の経験は、辞**

書に載っていない自分だけのもの。『私って○○だなぁ』と思ったとき、友だちから「ほんと、○○だね」と言われたときを掘り起こし、エピソードで語ったほうが伝わります。たとえば……


【せっかち】

エレベーターの閉まるボタンをいつも（高橋名人ばりに）連打してしまいます。

（高橋名人とは、１９８０年代のファミコンブームのとき、「1秒間に16連射」という超人技で有名になった方。話の通じる世代にのみ使います）


【おっちょこちょい】

エレベーターに乗っていて、いつもより時間がかかるなぁと思ったらドアが開いて、降りたら元のフロアだったんです。……行き先階のボタンを押し忘れていました。


【涙もろい】

ベルギー人に『フランダースの犬』のあらすじを話している最中に、泣いてしまって、笑われました。

【粘り強い】
マスコミ嫌いの選手に毎回会釈して、相手が会釈を返してくれるようになって、挨拶ができるようになって……半年かけて、取材できるようになりました。

【食いしん坊】
眠くなって飲食店のカウンターで爆睡していたのに、締めのごはんが出てきた瞬間にパッと目が覚めたときは、自分でも驚きました。

私の話ばかりですみません。

Point

本音・本質は相手の心に届きやすく、具体的なエピソードほど、説得力が増します。

シズル感のある表現で五感に訴える

素晴らしい肖像画は「まるで息をしているかのよう」と言われたり、美しい風景写真は「光や風、匂いや音が感じられる」などと言われたりしますが、映像だけでなく、言葉にもそうした〝**シズル感**〟があります。

実況やリポートの研修で、色・音・香り・味・感触など、**五感に訴える具体的な情報を入れる**ようにと教わりました。特にテレビでは伝えられない、香り・味・感触を意識するようにとも言われました。

たとえば『キユーピー3分クッキング』では、

「色鮮やかですね」だけよりも「赤・緑・黄と、色とりどりで鮮やかですね」。

「いい香りですね」だけよりも「醤油の香ばしさが食欲をそそりますね」。

などと、聞き手に「食べてみたい」「作ってみたい」と思ってもらえるコメントを心がけてきました。

番組を引き継ぐとき、「一番心に残っているのは、目の見えない方から、『色や香りも伝えてくれるので、美味しそうな料理が目に浮かびます』というお手紙をいただいたことだったの」と話してくれた先輩の思いも、伝え方に彩りを添えてくれました。

Point

五感を刺激する表現によって、メッセージがより鮮明に伝わります。

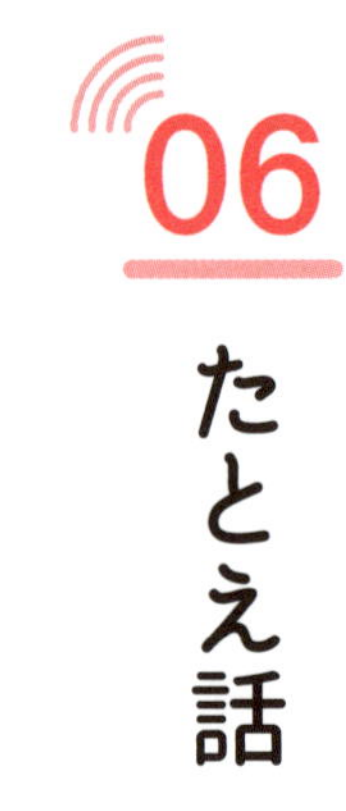

06 たとえ話

研修では「たとえ」「比喩」の重要性も教わりました。

たとえ話には、

①多くの人が経験しているもの・知っているもので、共感を得る
②仕組みや本質、状態や状況が近いもので、理解しやすくする
③個人の知覚に差があるものを、より客観的・体感的に理解してもらう

などの効果があります。いわゆる「あるある」ネタもたとえの一種ですね。

友だち同士なら「すごかったの！」と言うだけでも、「クールなあなたがそんなに感動するなんて、本当にすごいんだね！」と伝わりますが、そうした関係にない相手にも、「何が、どう、どれだけ」すごいのかを理解してもらうためには、具体的なエ

ピソードや数値・比較を用いることが効果的です。
よく使われる「東京ドーム○個分」というたとえにも理由があります。野球場は各地にあること、テレビでは観客も映されることから、大きさの目安になるのです。

私見ですが、たとえばディズニーランドなどは行ったことがある人にしか大きさが伝わりません。また、あまりに大きいものや広いものだと、人間の体感を超えてしまって比較の基準になりにくい。
反対に、学校にある25mプールなど小さいものは、1個の大きさの感覚はつかみやすいですが、数が多くなってしまいます。500個分も10000個分も、もはや体感と想像力の限界を超えてしまって、その違いが分かりにくくなります。

Point
「たとえ」は、共感度・理解度を高めてくれます。

07 具体性のある言葉

嘘のような本当の話。上司から「このスーツ、急ぎでクリーニングに出してきてくれ」と言われた新入社員が、お店まで走って向かい、走って戻ってきたら、「馬鹿野郎、急ぎと言っただろう！」と怒られてしまったそう。どうやら、お急ぎコースで出せ、という意味だったようですが、新入社員、必死に走った挙げ句に怒られ損……。

感覚的な言葉・曖昧な表現を避け、より具体性のある言葉や数値に置き換えると、メッセージが明確に伝わります。

リハーサルで、「そこからもう一度返しましょう（やり直しましょう）」と言うディレクターさんがいます。ところが、そこが、照明なのか？　音響なのか？　コメントなのか？　どこからなのか分かりません。

一方、伝える術に長けている方の場合、「〇ページのきっかけの音から」など、その代わりに、**誰が聞いてもピンポイントで分かる言い方**をします。何かの確認で一旦止まるときも、何のために時間を取るのか、待っている人たちにもきちんと情報共有してくれます。


我々アナウンサーも、たとえば方角や大きさなどをなるべく具体的に伝えるようにしています。

「ご覧のように雲が広がっています」よりも「西の空から雲が広がってきています」と言うほうが、「こんなに分厚い本」よりも「800ページを超える本」と言うほうが、より具体的で、同じ秒数でも情報量が増えます。

映像が力を持つテレビの世界でも、「見れば分かる」より、「聞いただけでも分かる」を目指したほうが伝え手として親切なので、情報の質を高める工夫は欠かせません。

「言わなくても分かるだろう」「これで分かるだろう」は伝える側の思い込み。経験値も常識も、個人個人で異なります。具体性のある言葉で伝えると、そうした違いを乗り越え、共有しやすくなります。

キャッチボールが途切れたとき、相手の力量や状況を考えずに強く投げたほうの責任でしょうか、それとも上手に取れなかったほうの責任でしょうか。

上手くいったら「おかげさま」、上手くいかなかったら「お互いさま」、と笑い合える関係が私は好きです。

Point

曖昧な表現を避け、具体的な言葉を使うと、より正確に伝わります。

08 〝体感〟を意識した表現

具体性のある言葉でも、時に伝わりにくいことがあります。

たとえば4月1日の放送で3月29日の出来事を話すとき、「3月29日」とも「先月29日」とも「3日前」とも言えます。日付そのものが重要なときは、もちろん正確な日付が外せませんが、「先月29日」と言うと、随分前のように感じてしまいます（場合によっては2月末と勘違いされてしまうことも）。

そんな誤解を招きそうなときや、時間の経過に重きを置きたいときは、「3日前」「今週火曜日」などと言い換えると、「ほんの数日前だな」と、体感で捉えられ、理解しやすくなります。

こうした、〝受け手の体感を意識した伝え方〟は、自分の感覚、主観のようでいて、**聞き手がどう感じるかを意識した上に成り立っている**ので、ときに、具体性のある言葉以上に、伝わります。常に、聞き手の視点で伝え方を考えましょう。

このスキルのおかげか、私は女性が苦手とされる道順の説明も苦になりません。まっすぐの道が続くときは「300mくらい」「5分ちょっと」という目安を入れたり、「公園が見えてきたらちょうど真ん中くらい」と添えたり、「花屋さんと電気屋さんの間の道」「交番を背にすると」など、体感を意識して、迷うポイントをなくすように心がけています。

Point

相手の体感を意識して伝えると、相手には実感を伴って伝わります。

言葉にもＴＰＯがある

アナウンサーは、ニュース、バラエティ、式典など、それぞれの現場にふさわしい装いをし、ふさわしい話し方をしています。服装にも話し方にもＴＰＯがあるように、言葉にもＴＰＯがあります。

家族、友だち、恋人、先生、同期、先輩、上司、部下、社長、取引先……、様々な相手がいて、様々なシチュエーションがあります。

わたし。わたくし。
本当に。誠に。
やっぱり。やはり。

いただきます。　頂戴いたします。
がんばってね！　陰ながら応援しております。

距離を縮めたいときや温もりが大切な場面では柔らかい言葉を、信頼を得たいときや知性が大切な場面では畏(かしこま)った言葉を、というように、それぞれにふさわしい話し方と言葉遣いがあります。

私の経験から、**コミュニケーション能力を高めるためには、いろいろな年代、いろいろな立場の人と会話することが、「急がば回れ」**かと思います。子どものころ、携帯もスマホもなかった昭和のアナログ世代は意識しなくても通った道ですが、いろいろな人と会話することで、新しい言葉や、多様な価値観に触れることができます。敬語や言葉の使い分けが自然と身につき、使う言葉が板についてきます。

「夜分恐れ入ります」「お忙しい時間にすみません」「お夕飯どきに失礼します」「○○ちゃんはご在宅でしょうか」「お口に合いますでしょうか」「お

邪魔いたします」「拝借します」「お暇いたします」……。
これらは、主に母の影響で、小学生のときに覚えた言葉です。どんなときにどんな風に使うのかを目の前で見聞きしているので、体で覚えることができました。

情報にしても人にしても、すぐにダイレクトに〝目的地〟にたどり着いてしまう現代だからこそ、コミュニケーションの相手を少し広げてみると、美しい言葉や、人生のヒント、立ち居振る舞いの見本や反面教師など、様々な教材が見つけられるかもしれません。

Point

TPOに合ったふさわしい言葉遣いは、相手を立てるだけでなく、自分の品格も上げてくれます。

間違えやすい日本語

ビジネスシーンなどでよく耳にする間違った日本語を、ごく一部ですがご紹介します。正しい日本語で、さりげなく株を上げちゃいましょう。

【煮詰まる】

会議でなかなか結論が出ないときなどに使われますが、料理は煮詰まってくると、もうすぐ完成。つまり煮詰まるとは、〝まもなく結論が出る状態〟です。おそらく「行き詰まる」と混同されてしまったのでしょう。

【敷居が高い】

高級店などに使われることが多いですが、本来は「不義理をして合わせる顔がない」という意味です。特に不義理をしていないときには、「近寄り難い」「ハードルが高い」などが無難です。

【役不足】

「自分には荷が重い」というときに使われることがありますが、正しくは「役が不足している」＝「自分には物足りない小さな役目」という意味です。自分の力量が足りないときには「力不足」が正解です。

【耳障りがよい】

「障る」とは、差し支えがあることなので、違和感を覚えます。「耳触り」とする向きもあるようですが、「耳当たりがよい」「聞こえがよい」のほうが心地よいですね。

【一段落】

「ひとだんらく」と読む方が多いのですが、「いちだんらく」が正解です。

【すいません】

申し訳なくて心が晴れない様子を、「澄みません」という説があります。いずれにせよ、「すみません」が正解です。

【お名刺をお渡ししても……】

相手のものは「お名刺」、自分のものは「名刺」ですね。ついうっかり、だと思いますが、自分や身内への敬語や丁寧語、意外とよく耳にするのでお気をつけください。

【了解しました】

実は上の立場から下の立場へ伝える言葉のため、目上の方には使えません。上司や取引先、お客様には「かしこまりました」、または、2011年にブームとなったドラマ『家政婦のミタ』に倣って「承知しました」と伝えましょう。

Part5

「心」伝え方を磨く

「心」イントロダクション

心にしっくりくるものを

コミュニケーションの「心・技・体」、最後は「心」です。

私は「体」も「技」も伴わない新人時代から、妙なこだわりがありました。それは、『テレビの都合に合わせて、嘘っぽいことは言いたくない。わざとらしいことはやりたくない』というものでした。

嘘っぽく聞こえないように喋ったり、わざとらしく見えないように振る舞ったり、という器用さや上手さがなかったからなのですが、その言葉選びが、その話し方が、情報に対して、視聴者に対して、自分にとって**心からしっくりくるものかどうか**、を大切にしてきました。生意気な新人だったかもしれません。

ちゃんと「腑」に落ちているかどうか。**自分の心と発する言葉の間にズレがないかどうかは、〝誠意〟に通じる、伝えるために欠かせないポイント**だと思います。

声だけでなく心も、「腹」「肚」に通じるのですね。

そしてもう一つ。**相手への〝敬意〟も欠かすことはできません。**反対に、敬意があれば、ツッコミだって許されますし、上手くいかなくたって気持ちは伝わります。そこに**ユーモアのスパイスがあれば鬼に金棒**かも⁉

第5章では、現場を通して気付いた、伝えるときの心構えや考え方などを記しています。皆さんの心にしっくりくるもの、腑に落ちるものを、お選びいただけたら幸いです。

ターゲットを意識する

テレビ番組は、時間帯によって、子ども向け、若者向け、主婦向け、ビジネスマン向け、などとターゲットを意識してつくられています。

私が『ジパングあさ6』（日本テレビ）という番組を担当したときは、「ごはんを作ったり、歯を磨いたり、朝出かける準備をしているから、画面を見ているとは限らない。音だけで情報を届けられるように話すこと」とアドバイスを受けました。

イベントの司会や講演では、具体的に会の趣旨や歴史、お客さんと主催者の関係、リピーターが多いのかどうか、年齢層はどうか、なども事前に確認しておきます。

司会の場合は、言葉遣いや話すトーンの参考にします。講演の場合は、どんなことをどんな風に話すか、内容を決めるヒントにもなります。

相手の立場に立って、内容を考えたり伝え方を工夫したりする。

ターゲットを意識すると、〝伝わるボール〟を投げられるようになります。

電車に乗っていると、ときどき、車内アナウンスが早口すぎたり、声がくぐもっていたりして、聞き取れないことがあります。電車内はただでさえ聞き取りづらいので、ゆっくり、はっきり、話してくれると助かります。

車掌さんにとってはルーティーンでも、多くのお客さんにとっては必要なくても、初めてのお客さんや慣れていないお客さんほど、そのアナウンスを必要としています。そういうお客さんに意識を向ければ、伝わる話し方に変わると思います。

自分（の仕事）が、誰のために、何のためにあるのか、〝心の向き〟は大切ですね。

Point

ターゲットや目的を意識すると、ふさわしい伝え方が見えてきます。

言いたいことより言うべきこと

まだ入社2年目になるかならないかのとき、新宿駅南口から大雪中継をすることになりました。

私がよほど不安顔だったのでしょう。先輩が、「大雪のときに、朝の情報番組で視聴者が知りたいことは何だ？」と聞いてきました。答えに窮していると、「会社や学校にちゃんと着けるかどうかだよな？」と大ヒントをくれました。

現場では、列車の運行状況や、雪の降り方、サラリーマンや学生の服装、路面や雪かきの状態など、いろんな情報が拾えました。情報の多さに振り回されそうになりましたが、ヒントのおかげで、集めるべき情報、伝えるべき情報に、優先順位をつけることができました。

先輩の資料づくりを手伝うため、調べものをしていたときに、「なんでＡＤじゃなくて、わざわざお前に頼んでいるか分かるか？　伝え手の視点で情報を取捨選択してもらうためだ」と言われたことを思い出しました。

「何を言いたいか」「何を言えるか」より、「何を言うべきか」「何が求められているか」

仕事もプライベートも、すべての経験を通して、その判断基準を培っていくことが大切です。

私の場合、最初は頭で〝模範回答〟を考えるしかありませんでした。先輩のために調べた資料が即ゴミ箱行きになったことも、スタジオでのコメントが「実感がなくてつまらない」と言われたこともありました。そうして失敗しながら徐々に、自分の心で言うべきことを感じられるようになってきました。

もう一つ。言うべきことをかき集めるだけでは、伝わるとは限りません。

天気予報で、冒頭の挨拶文を自分で考えていたころ。朝から花屋を覗いたり、八百屋さんに寄ってみたり、公園に足をのばしたりしていると、いろんな情報を詰め込みたくなってしまいます。でも、一つに絞ることができないと、何を言いたいのか散漫になり、文章がまとまりませんでした。

一つのテーマが深まっていくのはよいですが、テーマや要素が乱立してしまうと、ぼやけてしまいます。

情報を断捨離すると、テーマはスッキリ、メッセージはハッキリ、伝わります。

この本の原稿を、そういった視点で見直し、書き直したりバッサバッサと切り捨てたりするのも、かなり労力が要りました。「言いたいこと」「言えること」「言うべきこと」が自然と一致するのが、よいアナウンサーなのですが……（苦笑）。

Point

テーマを絞り、言いたいことより言うべきことを優先すると、内容が明確になり、相手に届きやすくなります。

本気の「いいね!」で褒め上手に

通販番組をやることになったとき、最初はあまり気乗りしませんでした。なんでもかんでも褒めている印象があって、自分がいいと思っていないものを褒めることはできない、と考えていたからでした。

ところがいざ番組に関わり、いいものを届けたいというディレクターの熱意、それに応える生産者の思いに触れると、商品のどこかに必ず、「いいな」「すごいな」と思えるところがありました。そこで、**自分が本気で「いいね!」と思えるポイントを見つけ、それを伝える**ことに決めました。

ウォーキングシューズを紹介するとき、台本には「オシャレですね～」と書いてありましたが、言えませんでした。その代わり、幅広の3Eなのに履いたときにスッキり見える点がすごいと思ったので、そこを話しました。さらに、歩いてみるととても軽くて楽なので、その履き心地も伝えました。

ダイエット用のこんにゃくラーメンのときは、あくまでこんにゃく麺なので、「本物の麺みたい！」とは言えない……。でも、麺をすする楽しみがあり、喉越しがよく、スープが美味しかったので、そこをオススメしました。

そうして、終始一貫、自分が本気で「いいね！」と思えるところだけを褒めていたからか、辛口で知られる同僚から「馬場さんが言うと、なんか納得しちゃって、買いたくなっちゃう」と言われたときは、何だかいろいろ救われました。

子育て、部下の指導、友だち同士……、**いつでも、誰に対しても、褒め上手になると、周りも自分もハッピーになり、コミュニケーションもスムーズになります。**

仕事でも、たとえば営業では、商品やサービスのことをどれだけ知っているか、どれだけ好きなのか、売り込む相手の何に惚れ込んでいるのか、などが重要になると思います。

一点突破でもいいんです。**いいところに目を向けられるようになると、自分の考え方も、もちろん伝え方も、ポジティブに**なります。

本気で「いいね！」「すごいね！」と思えることは、いくらでも話せます。そして相手には、その〝**本気**〟が伝わります。

Point

他人が気付かない、いいところを見つけられるのも一つの能力。本気で思っていることは、言葉に頼らなくても相手に伝わります。

長所と短所は表裏一体

以心伝心という言葉の通り、「あの人苦手だな」「あんまり好きじゃないな」「怖いから会いたくないな」といった気持ちは、拒絶感、嫌悪感、恐怖心といった空気となって相手に伝わってしまい、コミュニケーションの妨げになってしまいます。

けれど仕事や身内となると、簡単に付き合いをやめるわけにもいきません。そこでここでも「いいね！」作戦です。**何か一つでも相手のいいところを見つけて、そこにフォーカスする**だけでもいいのです。責任感から合わない相手に心をすり減らすより、正義感から相手のダメな部分に目を向けるより、はるかに**自分の心が楽に**なります。

ちょっと話は飛びますが、なぜそんな風に考えるようになったかと言うと、これまで、一方的に人を評価したり断じたりして、後悔することが何度かあったからです。

何の前触れもなく理由にならないような理由でドタキャンされたり、後輩に仕事を断られたり、約束を反故にされたりしたことがありました。口にこそ出しませんが、「幹事の苦労も知らないで」「無責任だな」「私のことなんてその程度なのね」など、いろんな感情が湧きました。

ところがそういうときほど、本当は、新しい命を授かったけれど亡くしてしまった、人知れず入院して手術までしていた、ご家族がご病気だったなどの事情を抱えていた、ということをあとで知ったのです。

こちらは、ドタキャンなどすっかり忘れていた何ヶ月もあとに、「あのときは迷惑かけてごめんね」と、本人が事情を話してくれたこともありました。私は心の中で謝り続けるだけでした。できれば、あんな思いはもうしたくないと思っています。

以来「おや？」とか「むむ」とか思ったときも、**自分のやり方や考え方を脇に置いて、「それぞれ事情があるよね」「自分もどこかで同じようなことしてるよね」と受け流す**ように努めています。それだけで、心のすり減り方がずいぶんと軽くなりました。

〝相手の一部分しか見えていない自分〟を自覚できたことは大きかったです。

○いつも派手な格好だけど、「思えば、その分早起きして努力してるんだよね……。すごい」と一生懸命準備している相手の姿を想像してみたり（ちょっと、可愛く思えてくるかも？）。

○皮肉っぽい人だけど、「言ってることは的を射ているな」と意見を参考にしてみたり、上手くいったら報告してみたり（意外と不器用で照れ屋なだけかもしれません）。

○鈍臭くてイラッとするけど、「すぐイライラする自分と違って、いつでも皆に優しいな」と着眼点を変えてみたり（自分まで優しい気持ちになれるかも）。

○ドライで近寄りがたい人だけど、「フェアなところが信頼できるな」と密かに見習ってみたり（いざというとき、思い切って相談してみるのもいいかも）。

○生意気な新人だけど、「やる気の表れで、頼もしいな」と見守ってみたり（忘れているだけで、自分も通ってきた道かも……）。

程よい距離感を保ち、見直してみると、長所と短所が表裏一体であることに気付きます。**他人は変えられませんが、自分のものの見方なら変えられます。**

もしどうしても「いいね！」が見つからない相手には、執着しないことをオススメします。「自分の努力でどうにもならないことに心と時間を割いていることがもったいないわ」と、さらに心の距離をとってみてはいかがでしょうか。気持ちを手放すだけでも、楽になります。

やっぱり、**一番大事なのは自分の心ですから。**

Point

長所と短所は表裏一体であることに気付けば、コミュニケーションはもっとずっと楽になります。

伝えたいときほど感情は内に秘める

アナウンサーは基本的に、〝感情を抑える〟ように教育を受けています。「伝えたい！」という気持ちの強さは大切ですが、伝え手が感情的になったり、興奮したりしていては、視聴者を置き去りにしかねないからです。

感情的で話にならない、聞く耳が持てない、といったご経験は、皆さんもおありかと思います。

相手の心に届けたいときほど、感情を抑えたほうが伝わることが多いのです。

ところが、実はその先があることに、福澤一座という舞台でお芝居を経験してから気付きました。

研修での感情を抑えるという意味は、「感情移入せず抑揚をつけず淡々と読む」という印象でしたが、お芝居では、「言葉や態度など表には出さなくても心の中では感情が大きく動いている」という、似て非なるものでした。

〝感情を抑える〟とは、感情をないことにするのではなく、内に秘めることだったのです。

この違いを経験した途端、「気持ちが伝わってくる」とナレーションを褒められるようになり、嬉しい驚きがありました。

内に秘めたものがない場合は、どんなに流暢に話しても、どんなに美しい言葉を並べても、受け手の心には響きません。情熱を内に秘め、腹に収めて初めて、〝抑える表現〟は成り立ちます。

相手を説得したいときにも、心は熱く、頭は冷静に、相手の心に訴えることができたらいいですね。

Point
感情的になると、伝わりません。
感情は内に秘めておきましょう。

06 過剰演出はしない

過剰包装のものは、中身が見えにくいだけでなく、中身が伴っていないこともあります。香水は、つけすぎるとむしろ臭くなり、相手は鼻をつまみます。言葉も「過剰な表現」をすると、正確に伝わらなかったり、相手の聞く気を削いでしまったりするので気をつけたいところです。

❶ 言葉を盛りすぎない

昨今「美人すぎる〇〇」「神〇〇」などと何でももてはやす風潮がありますが、言葉は料理の味付けに似ていて、良い素材に調味料をかけすぎては、かえって良さを打ち消してしまいます。しかも、調味料（言葉）の価値まで下げてしまいます。反対に、実物以上に言葉で飾り立てても、虚飾はじきにバレてしまいます。

日本語は、言葉そのものに趣や味わいがあり、力があります。**本当にいいものは、シンプルにそのままで伝わります。**

❷ オーバーリアクションしない

取引先や上司などに、「赤べこか⁉」と思うくらい頷いたり、大したことない話にまで大げさに驚いたり褒めそやしたり……。もし「気に入られたい」という下心からなら、周囲はお見通しなので気をつけたいところです。**受け取った内容にふさわしい、素直なリアクションやテンションを心がけましょう。**

❸ 自分に修飾語や評価をつけない

「私って、天然だから〜」と言う人に、違和感を覚える人が多いようです。

「養殖ちゃん」と違い、根っから天然な人は、自分が天然だとは気付いていないですものね。

たとえば面接などで、「私は真面目です」と言ってもなかなか伝わりにくいもの。どう真面目なのかを理解してもらうためには、聞こえのいい、通り一遍の修飾語よりも、真面目さがにじみ出る「具体的なエピソード」のほうが効果的です。

自分を表現するときは、なるべくドライにシンプルに。修飾語や評価は他人に預けるほうが無難です。

Point

聞いたものは素直に受け止め、伝えるものと真摯に向き合い、言葉も態度も適当なものを選びましょう。

07 ぱなしのはなし

私は寅年生まれの牡牛座、動物占いはひつじなのですが、言動は猪突猛進なところがあるようです。

アナウンス部の幹事として送別会をしたときに、先輩から、「やりっぱなしでフォローがなっていない」と叱られました。普段も、アナウンス部のあちこちに私物を散らかしては、注意されていました。

気を許した仲間内では、自分が質問をしておいて、聞いていない、ということもしょっちゅう……。

明石家さんまさんがお芝居で、「ポケットに笑いのおやつを用意しておかないと」という台詞をおっしゃっていたことが印象に残っています。単なる思いつきでやりっぱなしにするのではなく、オチをつけたりダメ押ししたり、**何か仕掛けるときには、オチがつくところまで考えておく**ように、そういう準備を常にしておくように、という意味だったと記憶しています。

また、口下手な俳優さんたちの間で、くりぃむしちゅーの上田晋也さんの司会が評判だと聞いたこともあります。嫌なことは聞かないし、自分が上手く答えられなくても、面白いことが話せなくても、楽しく面白くしてくれるからだそうです。

一流の司会者は、話を振って（投げて）終わりではなく、相手がどんなボールを投げ返してきても、たとえ上手く投げ返せなかったとしても、ナイスボールに見えるような受け取り方ができるのですね。

い、い、ぱなしの私とは正反対、フォローできてこそ、と学びました。

今後は、お願いしっぱなし、やりっぱなし、指示しっぱなし、ということのないように気をつけます……。

ちなみに、ときどき、際どい質問や無茶ぶりをして、自分が場を盛り上げているると勘違いしてしまう人がいますが、投げっぱなしの暴投は、フォローの精神とは正反対の行動です。

相手が嫌がることはしないこと、相手を傷つけないこと、答えたくないことを無理強いしないこと、が大前提です。

Point

話を振る側、質問をする側には、
自分で場を収める責任と、
相手に恥をかかせない責任があります。

遠慮しすぎない

尊敬している共演者の奥様から「うちの人、馬場ちゃんのファンなのでよろしくね」と言っていただいた20代半ばのこと。内心は飛び上がるほど嬉しかったのですが、私ごときが軽々しく「大好きです」「尊敬してます」などと言っても失礼かと思い、今で言う塩対応をしてしまいました。「馬場ちゃんはうちの人のこと好きじゃないかもしれないけど……」と誤解されてしまい、がっかりさせてしまいました。

当時のことを奥様と笑い合えるくらいに私が成長するまで10年近くかかりましたが、その間に、たとえ自分に自信がなくても、お互いどんな立場にあっても、本来、自分の気持ちは素直に伝えていいのだと思えるようになりました。ごときなんて、人にはもちろん、自分にも使わないほうがよい言葉ですよね。

遠慮はときに、相手のためだったつもりが、自分を守るためにすり替わっていることがあるようです。

弁える、控える、といった慮りは美徳なのですが、残念ながら相手がその気持ちに気付いていないこともあります。きちんと言葉にしないと、伝わらなかったり、場合によっては誤解を招いてしまったりすることも少なくありません。

伝える側でも受け取る側でもまずは、心と心の交流のために、しっかりと気持ちを言葉にすることから始めてみませんか。相手が誰であれ、自分がどうであれ、心を受け取り、心で返すことができたら素敵です。

Point

遠慮しすぎは逆効果。
やらなかった後悔はずっと残ります。
やってみた後悔は次に生きます。

準備はぬかりなく、本番は適当に

〝成功するためには、成功のイメージを持つことが大切〟とは聞くものの、『もし失敗してしまったら……』という不安がつきまとってしまうのが人間。準備不足だと不安になるし、準備万端だと「失敗したくない」と力が入ってしまうのが人間。

実は、**失敗そのものより、その後の対処で評価が分かれてしまう**もの。失敗で失敗しないように、100点を目指して緊張しまくるくらいなら、ちょっとした減点（失敗）を許しつつ、赤点（大失敗）にならないような心構えが現実的かと思います。

備えあれば憂いなし。「絶対失敗してはいけない……!!」では余計なプレッシャーがかかってしまうので、**「ちょっとくらいの失敗は大丈夫」**という余裕を持っていきましょう。

備えその❶ 「誰でも失敗するものだ」という開き直り

私は、噛まないアナウンサーだと思われているようなのですが、ここだけの話、ちょこちょこ噛んでいます。言葉の職人が目標だった若いころは「噛むことは罪だ！」と思っていました。もちろん今でも、「プロとして噛まずに正確に」という思いはありますが、**〝伝わること〟により重きを置くようになり、「噛むことはさほどの罪ではない」と思えるようになりました。**

日常会話でちょっとくらい噛んでも、話も気持ちも伝わります。それがヒントになりました。噛んでしまったことはその瞬間から過去のこと、『あ、噛んでしまった……』と〝自分事〟〝過去のこと〟に気を取られてしまうより、**〝今〟求められている、伝えるという〝役割〟に集中**できるようになったのです。

アナウンサーだって噛むのですから、もし皆さんがちょっとトチってしまったとしても、大丈夫。開き直ってしまいましょう。

備えその❷ 失敗したときの対処法も考えておく

まずは、先輩や同僚に聞くなどして、**ある程度起こりうるトラブルを予想し、フォローのコメントを考え、実際に口に出しておく**と安心です。

私たちも、「ただいま映像が乱れました」「VTRの途中ですが……」など、よくある緊急時の定型句を用意し、練習しています。何か大きなニュースが入ってきそうなときは、いくつかパターン別に〝想定原稿〟が用意してあります。

このとき、言葉を丸暗記するよりも、『説明そのものより、その前に導入する言葉のほうが難しいのだな』『まずは今何が起きているのか説明するのだな』『そして今後どうするか説明するのだな』と、対処の仕方の**根本を理解しておけば、予想外のトラブルが起きたときにも、応用できます。**実はアドリブは、シミュレーションやトレーニングなどの備えがあって初めて、生まれるものなのです。

もしプレゼン中に機械が不具合を起こしてしまったとき、「おっと、ただいま、機械に不具合が起きたようです！」と実況できなくても、「機械もこの暑さでバテてしまったみたいで……」なんて言う余裕がなくても、「すみません、少々お待ちください」「お手元の資料で進めてまいります」「映像は後ほどお送りいたします」など、誠実に対応すれば、大丈夫です。

Point

プレッシャーがかかる場面では、準備をしっかりした上で開き直ったほうが、力を発揮しやすくなります。

CM中 5

◯◯しすぎにご用心

持って生まれた性格とも言えますが、特に若いころの私は、限度というか、塩梅が分からず、何事も極端でした。

仕事も、失敗したら番組を外されるのではないか、「できません」と言ったら見放されるのではないか、「できます」と言ってできなかったら信頼を失い、次はなくなるのではないか……などと極端に考えていました。

不安なのに、誰に、どう相談していいのか、何を、どこまで頼っていいのか、全く分かりませんでした。

プライベートでも、「自分が我慢すればいいや」と思っていたのに、それは自分が決めたことのはずなのに、結局、我慢しているうちにストレスが溜まり、我慢していることに気付いてくれないことが不満になり、耐えきれず爆発！、なんてこともあり

ました。恥ずかしながら……。

幸い、美味しいものがあれば嫌なことは吹き飛んでしまう性格に救われましたが、今振り返っても、当時周りにいた皆さんには恥ずかしくて合わせる顔がないというか、温かく見守ってくださっていた（?）皆さんには足を向けて寝られないというか、そんな感じです。

何事も、極端すぎると、「過ぎたるは及ばざるが如し」に陥ってしまうようです。

たとえば、
正義感が強いあまり、人の間違いが許せない。
責任感が強いあまり、一人で抱え込んでしまう。
真面目すぎるあまり、甘え下手で、息抜きも苦手。
がんばりすぎるあまり、どこか空回りしてしまう。

正義感、責任感、真面目、がんばり……どれも立派なことなのですが、だからこそ、本人には譲れないところで、本人が固執している以上、周りは見守るしかない……。

そして、いつの間にか自分の首を絞めてしまったり、迷惑かけたくないと歯を食いしばってきたのに結果的にはもっと大きな迷惑をかけてしまったり、そのことでさらに自分を責めたり……（本当は、誰も迷惑だなんて思っていないのですが。みんな、お互い様ですから）。

好きでやっていることでも、自分で決めたことでも、抱えきれなくなることがあると思います。そのことに気付けても、今さら言い出せない、後戻りできない、そんな自分が許せない、ということもあるかもしれません。

でも、できれば、ちょっと肩の力を抜いて、がんばっている自分を褒めてあげてほしいと思います。責任感が強い人ほど、自分だけを責めてしまうものですし、真面目な人ほど、自分の努力が足りないと感じてしまうものですから。

Part 6

受信力を高めるヒント

「受信力」イントロダクション

聞き上手はモテる

アナウンサーとして確とした目標や夢を持たず、ずっと目の前のことだけに必死だった私にも、ようやく夢ができました。それは、『徹子の部屋』『サワコの朝』のように、ゲストを招いてお話を伺う番組を持つことです。『典子の部屋』では畏れ多いので、『スナック典子』とか。……場末感半端ないですが。

インタビューは、相手の話を聞いたり、引き出したり、難しいけれど大好きな仕事です。人の内面や考え方、ものごとの真理や本質に興味がある私にとって、とても楽しく、やり甲斐を感じます。

コミュニケーションは、発信力と受信力の両輪とお話ししましたが、インタビューは特に、**「受信力」**が大切です。

日常生活でも、自分が話をしているときより、人の話を聞いているときに、相手との心の距離が縮まるのを感じます。誰でも、自分の話を聞いてくれること、受け止めてくれること、理解してくれることは、嬉しいからでしょう。**話を真摯に聞いた分だけ、相手は信頼を寄せてくれる**のだと思います。

「聞き上手がモテる」というのも納得です。

そこで第6章では、インタビューのときに心がけていることなど、受信力のヒントとなりそうなものをまとめました。

〝傾聴〟

〝傾聴〟という言葉の奥深さを知ったのは数年前のこと。もとはカウンセリングにおけるコミュニケーション術だったそうですが、アナウンサーとして気をつけていることと似ていて驚きました。

ポイントは、「相手をありのまま受け止める」ことと、「自分の考えを押しつけない」こと。

❶ 最後まで耳を傾ける

皆さんもご経験があるかと思いますが、人は、話すことで、自分の考えや気持ちに気付いたり、整理できたりすることがあります。また、結論から話す人もいれば、順を追って最後に核心に触れる人もいます。言葉を尽くしても、最後まで上手く言葉にできない場合もあります。だから、最後まで話してもらうことがとても大切です。

もしあなたが、相手のことをよく知っていたとしても、上司や人生の先輩としてアドバイスしたいことがあっても、とにかく最後まで耳を傾けてあげてください。そして、聞き終わったあとも、自分の考えを押しつけるのは控えましょう。

❷ものさしを持たない

私たちは無意識のうちに、自分の経験値に照らして人やものごとを判断してしまいますが、**「こうに違いない」「大体こういうもの」という思い込みがあると、相手の言葉や思いをきちんと受け取ることができません。**

免疫力が人によって異なるように、大事なことも、つらいと感じることも、その程度も、人それぞれ。無意識なのでなかなか難しいのですが、自分のものさしを一旦外して、相手の言葉や思いをそのまま受け取るように努めます。

「あの人はどうせこういう人」なんてレッテルを貼っている相手の話を聞くときは特

に注意が必要です。

❸言葉の奥にある感情を感じ取る

これが一番重要なこと、これが傾聴の本質でしょう。

子どもは、親の愛情を試すためにいたずらをすることがあります。「大丈夫です」と言っている人が、本当はつらくてつらくて仕方がないときがあります。どんな思いのときに、どんな言葉を選ぶのか、どんな言い方をするのか、どんな態度を示すのか、人それぞれです。

言葉に振り回されず、なぜそんな言動になるのか、その奥にある相手の気持ちを想像し、理解することが最も大切です。

Point

ただ純粋に耳を傾けることが、相手を理解するためには必要です。

02 行間を読む

〝傾聴〟ではもう一つ、**表情・しぐさ・声の調子・態度など、言葉以外のシグナルを受け止めて理解することも大切**だと聞きました。ここも、アナウンサーとして気をつけていることと同じでした。

たとえば相手がちょっと含みを持たせた物言いをしたとき。それが、「気恥ずかしいけど聞いてくれたら嬉しいな」なのか、「言いたくないけど聞かれたら言ってもいいかな」なのか、「これ以上は聞いてくれるな」なのか、文脈や表情から感じ取ります。状況によって、その先の促し方を変えていきます。

たとえば相手が言葉に詰まったとき。言葉が出てこないだけなのか、考えている最中なのか、質問の意図が伝わっていないのか、答えたくないのか。声のトーンや表情などから感じとります。

言葉が出てこないときには助け舟を出し、考えているときは静かに待ち、意図が伝わっていないときは聞き方を変え、答えたくないときには「突然の無茶ぶりですみません」などとすぐ引き取る、というように、対応します。

スタジオでVTRの感想を求めるときは、ゲストがどこに興味を引かれているか、どんなリアクションをしているかなど、VTR中の様子にも気を配っています。

声のトーン、間合い、表情など、相手の発する情報すべてを受け取ること＝〝行間を読む〟ことができると、コミュニケーションがぐっと円滑になります。

Point

表情やしぐさなど、言葉以外のメッセージも見逃さないようにしましょう。

03 助詞にこそ気持ちが表れる

A「私は○○さんに会いました」
B「私は○○さんと会いました」

この二つの違いは、

A・・・偶然会った可能性がある。
B・・・意思を持って会っている可能性が高い。

です。

このように、**助詞一つでも、意味が異なります。**

テレビに出たことがない場所でしかロケできない、という番組で箱根に行ったときのこと。そもそもテレビの撮影は大丈夫でしょうか（しかもアポなしで……）という交渉のあと、

「これまでテレビで放送されたことがありますか？」

と伺うと、

「はい。レストランはあります」

とのお返事。

もう、皆さんもお気付きですね。

「もしかして、レストラン以外で放送されたことがない場所があるのですか？」

「奥にチャペルがありまして、そこはまだ放送されたことはありません」

「やったー!!」

実は、ちょうど箱根のチャペルを探していたところだったのでみんなで大喜び。

助詞一つをきっかけに、自分が（ときには話している本人ですら）、想像していなかった話題にたどり着けたとき、醍醐味を感じます。やっぱり、日本語って、面白いですね。

Point

言葉の温度は、助詞などの細部にも宿ります。

話しやすい雰囲気づくり

最後まで話を聞く〝傾聴〟が基本スタンスとはいえ、ただ黙って聞いていては、話し手はむしろ不安になってしまうかもしれません。

❶ 相槌(あいづち)を打つ

カラオケでお決まりの掛け声が入ると盛り上がるように、会話でも、相槌があると話しやすくなります。ブルペンキャッチャーは、わざとキャッチャーミットの綿を抜いて、捕球の音がよく響くように細工をし、ピッチャーが気持ちよく投げられるようにすると聞いたことがあります。

自分の心に響いたとき、相手の気持ちを受け取ったとき、相槌を打つと、相手は話しやすくなります。

相手が自信のあるタイプや、矢継ぎ早に話すタイプなら、極力言葉の相槌は控え、打つときも短く。あまり自信なさそうなタイプや、ゆっくり確認しながら話すタイプなら、ときには感想など少し長めの相槌を打つのもいいでしょう。

ときどき、心ここに在らずの「へぇ」「なるほど」「すごいですね」を発する人や、「はい」をやたら連発する人がいますが、これは逆効果です。相槌が目的とならないように気をつけてください。

ちなみにテレビの場合は、あまり頻繁に「ええ」「はい」と言うと耳障りになるので、言葉を飲み込むことがあります。**頷いたり、アイコンタクトをとったり、言葉ではない相槌も効果的**です。

❷ なるべく柔らかい言葉遣いを

日本テレビの入社試験のとき、人事部の方が「面接は皆さんを落とすためではなく、皆さんのいいところを知るためのものです」と言ってくれたことが今でも印象に残っています。**面接もインタビューも、シンプルに考えれば〝会話〟**なのですね。

きちんと聞かなくては、と思うと、つい堅いインタビュー口調になってしまう人もいるようですが、**緊張は伝染してしまいます。**自分の緊張に目を向けるより、相手の様子に目を向けて、〝傾聴〟することに集中できれば、自ずと緊張は和らぎます。

Point

適度な相槌で、
聞いていること、理解していることを伝えると
相手は話しやすくなります。

05 ときには変化球も投げてみよう

キャッチボールは、相手が投げやすくてナンボ、取りやすくてナンボ。話しやすい空気をつくり、まっさらな心で最後まで聞く、という話をしてきましたが、相手への敬意が伝わっていれば、**反対意見やツッコミなど、ときには変化球を投げたほうが、盛り上がります。**

相手が好きなことについて話しているとき、「そんなにハマってしまうのですねー」と薄めの反応をしてしまったら、むしろ、「えーっ、分からない？」とさらに夢中になって話してくれたことも。

「すごいですね」「驚きました」というきちんとした感想ばかりでなく、「意外とおっちょこちょいなんですね」といったツッコミや、「知らなかったです！」という率直な反応があると、相手がいつもと違う表情を見せてくれたり、「実は先日もこんなことがあって……」と、思いがけないエピソードが飛び出したりすることもあります。

相手が信頼してくれているな、リラックスして話してくれているな、と感じたときはぜひ、仲良しとの会話のように、素直な意見やツッコミを入れてみてください。

もう一つ、**質問も、相槌や変化球の一種**です。聞き手の関心が表れるからです。

ただ、質問の内容によって、聞くタイミングに気をつけなくてはなりません。ここを理解しないと先に進めないという重要なことや、耳馴染みのない言葉など、大多数が疑問に感じること以外は、話が終わってから聞くほうがよいでしょう。

たとえば「この間、久しぶりに食事に行った友だちと盛り上がってさ……」という話のとき、「どんな話で盛り上がったの?」という本筋の質問はいつしても許されますが、ごくたまに、「どこのレストラン?」とピントのズレた質問をぶち込んでくる人がいます。関心の矛先が、ズレてしまっているのです。

私もつい、思ったことをすぐ口にしてしまうタイプなので、質問された人も周りの人たちも大らかに受け止めてくれると救われるのですが、質問する側としてはやはり、話の腰を折らないように気を配りたいですね。

Point

ときには、ツッコミや質問などYES以外の変化球を投げてみると、会話が盛り上がります。

06 自分の言葉で要約する

こちらも相槌の応用編と言えるかもしれませんが、**相手の話がいろんな意味に取れるときや、自分の理解に不安が残るとき、その都度確認**をしています。「曲解された」「真髄が理解されなかった」から、「もう君たちの取材は受けない」なんてことになったら大変です。

インタビューだけでなく、バラエティー番組の打ち合わせや、ちょっと込み入った話のときなども気をつけています。

確認するときのポイントは、**相手の言葉をおうむ返しするのではなく、自分の解釈を自分の言葉で伝える**ことです。

進学塾のＣＭにもあるように、頭で理解しただけでは、まだ自分のものになっていません。説明できるようになって初めて身につきます。**聞いたことを自分の言葉で表現できるということは、自分のものになっている証拠です。**

もし認識にズレがあったときにも、訂正してくれたり、詳しく説明してくれたりするので、ズレをその場で修正できます。

もう一つのポイントは、**決めつけない形で確認する**ということ。私自身がインタビューを受けているとき、全く違う解釈で、「～ということですね」と言われてしまうことがあり、自分の発信力の未熟さに頭を抱えつつ、ちょっと傷つきます（笑）。ダメ押しで確認する場合なら「～ということですね」でもよいですが、**基本的には「～ということですか？」と訊ねる**ようにしています。

皆さんも、たとえば上司の指示を同僚に伝えるときなど、一言一句そっくりそのまま話すことはないと思います。あらかじめ自分の言葉で本人に確認しておけば、自信を持って伝えられるだけでなく、同僚の疑問にも、ある程度までなら自分で説明ができると思います。

コミュニケーションはもともと〝共有する〟ためのものなので、お互いのイメージが重なるように、自分の腑に落ちるようにしましょう。**共有できている実感があると、信頼感や連帯感が高まります。**

Point

認識にズレがないように、自分の言葉で確認すると、理解が深まり、信頼感や連帯感も高まります。

07 質問は、広げすぎず、狭めすぎず

質問をするとき、一般的には、相手が自由に答えやすいように、ざっくりと「具合はどうですか」「何か気になることはありますか」といった〝オープンクエスチョン〟がよいとされていますが、実は、広すぎても答えにくいということ、ご経験ありませんか？

「何食べたい？」と聞かれるより、

「さっぱり系とがっつり系、どっちの気分？」

「中華とイタリアンと焼肉のオススメがあるんだけど、どれがいい？」

と聞かれるほうが答えやすいこともあるかと思います。

時間が限られているインタビューや生放送では、「この話題について伺いたいです」という**方向性を提示する質問が効果的**です。

オープンクエスチョンに気をつけなくてはいけない理由は、それだけではありません。どんな答えが返ってくるか分からないので、それを受け取る自分の力量が問われます。

ちなみにオープンすぎるクエスチョンは、MCとしては、ただの丸投げと言われてしまいます。レギュラー番組などで、仲間を信頼し、時間を捻出するために、あえてシンプルに聞くことはありますが、**具体的なことを聞きたいときには、具体的な質問を心がけましょう。**

一方で、「YES」「NO」でしか答えられない〝クローズドクエスチョン〟のようにあまりに質問を狭めすぎてしまうのも、相手が答えづらくなるので注意が必要です。たまに「解説の◯◯さん、次の球は外角高めのストレートですか」と聞いてしまうアナウンサーがいますが、解説者が「そうですね」としか答えようがない聞き方は、考え直したいところ。いくら取材の賜物として自分が答えを分かっていたとしても、「次の球は何だと思いますか」「◯◯さんならどう攻めますか」など、相手を生かすように聞くのがマナーかと思います。

時間があるときには、そもそも論や大きなテーマから始めて、徐々に範囲やテーマを掘り下げていくといいでしょう。

ちなみに実況アナウンサーが、解説者が元投手なら投手の気持ちを、元打者なら打者の気持ちを聞く、という工夫をしているように、相手の得意分野・興味の対象を理解しておくと、質問しやすくなります。

Point

質問は、オープンすぎてもクローズすぎても答えにくいもの。YESかNOでしか答えられない聞き方は避けるのがマナー。

警戒心を解く

職業柄、結婚式の司会をする機会も多いのですが、新郎新婦には、出会いやプロポーズ、お互いの好きなところや直してほしいところ、来賓との関係など、かなり踏み込んだことを根掘り葉掘り〝取材〟します。

最初はみんな、照れたり面食らったり、ちょっと身構えていますが、「乾杯の準備が整うまでの間に一言添えたい」「祝辞のあとにご紹介したい」「こうした話は盛り上がるから、どこかで披露したい」など、なぜそんなことを聞くのか、意図やメリットを伝えると、皆さん納得して、丁寧に答えてくださいます。

たとえばお医者さんも、治療を進めるためには経済状況や家族のバックアップ態勢も知っておく必要があるそうですが、相手が抵抗を感じやすいプライベートなことを聞くときには、その目的や理由を先に伝えることが大切だとおっしゃいます。より身近な存在の看護師さんに、代わりに聞いてもらうといった工夫もしているそうです。

そんな中でも、譲れる範囲は人それぞれなので、後々「なんとなく押し切られた」などと嫌な思いを残さないように、OKをもらったあとも、**相手の心の変化に気を配りながら話を進めています。**

「お話しになりにくければ結構なのですが」「お話しになれる範囲で」など、気になることがあれば相手はいつでも待ったをかけられる、という雰囲気づくりも心がけましょう。

Point

質問の意図やメリットを理解してもらうと、相手は警戒心を解いて話しやすくなります。

後だしジャンケンはルール違反

あまり格好いいものじゃないなぁと思う受け取り方を〝後だしジャンケン〟と名付けてみました。

よくあるのは、あとから「だから言わんこっちゃない」とか「そうなるんじゃないかと思っていたんだよね」というパターン。あとから批評だけするのは簡単ですが、未然に防いだり、サポートできなかったりした張本人に言われても詮ないこと。

私たちアナウンサーも、たとえば生放送で『（共演者の）今の発言、間違いかも？』と気付いたとしても、本番中に訂正できなければ、結果として同罪です。

この〝後だしジャンケン〟が、どれだけ理不尽なことか、言われたほうがどれだけ腹が立つのか、多くの方が経験していると思いますので、あとは割愛します。

もう一つ気になるのが、「実は知っていた」というカミングアウト。芸能人の結婚のニュースを例にとると、解禁まで黙っているのは当然ですが、解禁された途端「私は前から聞いていた」とカミングアウトするのも〝後だしジャンケン〟だと感じています。余程の仲でもない限り、「『私には教えてくれなかった……』なんて、いらぬ軋轢を生まないのかな？」と心配してしまう私は、考えすぎでしょうか。

秘密を受け取ったら、秘密があること自体を知られないようにするのが、打ち明けてくれた人に対してはもちろん、秘密を知らない人たちに対しても、礼儀だと思います。秘密を知るということは、誰かに対して優位に立つことではなく、相手と秘密、両方を守る責任を負うことだと思うのです。

意外と遭遇するこんな〝後だしジャンケン〟も。仕事量や期限などの詳細や、報酬などをきちんと提示しないで仕事を依頼する。相手が一旦引き受けて断りづらい状況になってから、一方的に条件を変えたり、本来なら追加報酬が必要な仕事をなし崩し的に追加注文したりする。

こうした〝後だしジャンケン〟は、信頼をなくすだけでなく、パワハラになる危険性もあるので気をつけたいですね。

何かあったときはドーンと構え、
自分のちっちゃなプライド（?）のために
後だしジャンケンをするのは控えましょう。

CM中 6

電話は相手の時間を奪うもの？

最近、「電話は相手の時間を奪うもの」という考え方が広まっているそうですが、私はむしろ電話に回帰しています。

確かにメールのほうが、自分の都合のよいときに作成できますし、相手も都合のよいときに読めますし、記録としても残るので、とても便利です。でも、電話なら数秒で済む挨拶が、メールだと丁寧に十数秒もかけて書くことになり、相手のアドレスが携帯の場合に深夜に送るのをやめておいたら、翌日送るのを忘れた……など、何かと面倒に感じることもあります。

込み入った話のときは、文章を打つのにさらに時間がかかり、その割に相手にきちんと伝わらず、相手も「要領を全く得ないのですけど……」なんて書けませんから、お互いにいつもより時間も気も使うハメに。

しかも電話は本来、受けるほうではなくかけるほうが気を使うもので、家の電話しかなかった子どものころ、よほどの事情でない限り、食事時を外す、夜9時以降は控える、と教わりました。

電話をかけるほうは、時間も場所も選ぶことになりますが、受け手には都合が悪いときには出ないという自由が残されています。昔と違い、誰からの着信か分かります。着信音を消すこともできます。留守番電話もあります。

電話のほうが楽、と思うのは、私が喋る仕事をしているからだけでなく、以前から、大事な電話のときには挨拶文から書き出し、箇条書きしたメモを前に、緊張しながらかけた経験の積み重ねもあるかもしれません。

コミュニケーションとしての情報量は、メール→手紙→電話→直接会って話す、の順に増えていくと思います。電話のほうが、話が早い、誤解が少ない、と感じる今日このごろなのですが、皆さんはいかがですか。


ちなみに電話で話すときは、スピードは少しゆっくりのほうが聞きやすく、表情が見えない分、笑顔で話すとトーンが明るくなります。

Part 7

シチュエーション別　伝え方のコツ

01

初対面の印象をよくしたいとき

「印象をよくしたいときは、印象をよくしたいと考えないことが一番」と禅問答のようなことを考えています。**自分の印象を気にするより、相手が楽しんでいるかどうかに力を注いだほうが、結果がついてくる**と思うからです。〝一流の人ほど、相手の立場にかかわらず、目の前の人を大切にする〟と言われるように、人と人としての交流がベースになります。

ですが、ポイントはいくつかあります。

① 相手の話を**ちゃんと聞く**（そこから話が膨らみます）。
② 相手の**目を適宜見て話す**（じっと見つめる必要はありません）。
③ **自然体を心がける**（初対面はぎこちなくて当たり前。無理しなくて大丈夫）。

④プライバシーに踏み込まない（不躾にならないための礼儀です）。
⑤口角を上げる（相手が話しかけやすく、緊張しにくくなります）。
⑥もしふと目が合ったときは、微笑む（実は目を逸らしたほうが気まずい）。

海外生まれの友人の話では、**会話で大切なのは英語力よりも相手への気配り**だそうです。自分が言葉をかけられたら相手にも返す。「好きなものは何ですか？」と聞かれたら、相手にも聞き返す。語学力以上に、こうしたマナー、つまり人間性が重視されるのだそうです。

この、相手に興味を持って聞き返すというマナーは、話が続かなくて悩んでいる方にとっては、話を膨らませるのにも一役買いそうですね。

もう一つ、ファッションも重要なポイントです。

アナウンサーは、ニュース、バラエティ、スポーツなどで、服装を変えています。情報番組ではファッションも情報の一つなので、放送している時間帯や季節感なども考慮します。ニュースでは、服装が伝える内容の邪魔にならないように、ブラブラと動くイヤリングはしませんし、お辞儀をする必要があるときは前髪が目や顔にかからないように気をつけます。スポーツ現場ではパンツスタイルにローヒール。食べるロケのときには髪をまとめ、食材を触るときには爪の手入れをしておきます。

ファッションは自己表現の手段だけでなく、コミュニケーションツールの一つでもあります。

さりげなく季節感を取り入れたり、相手の会社のコーポレートカラーを取り入れたりすると華やぎますし、喜ばれます。

そして、私が一番大切にしているのは、〝清潔感〟です。

Point

今、目の前にいる人との時間を大切にする。
自分のことを話す以上に、
相手のことを聞くほうに気を配りましょう。

02

叱るとき

お医者さんが病気について説明する際、〝PNP話法〟を心がけていると伺いました。
ポジティブ〈P〉なことから入り（相手の緊張を和らげ心の準備をさせ）、
ネガティブ〈N〉なことを伝え（病状について説明し）、
ポジティブ〈P〉で終わる（具体的な治療について説明し元気づける）
そうです。

この話法は、相手がショックを受けるかもしれないとき、マイナスのことを伝えるときなど全般に効果的ということで、PNPならぬPNNPと少しアレンジしてみました。

❶ 労う（Positive）

いきなり叱りつけるより、**まず日頃の労いをする。**感謝を伝えたり、「君らしくないな」と理解を示したり。何か気になることがある場合は、「体調は大丈夫か」「何か悩みごとがあるのか」などの声かけもよいと思います。

ちなみに、「最近どうだ?」などラフな声かけを、日頃からしておくことをオススメします。

❷ 訊ねる（Neutral）

ここが独自の、ニュートラルの〈N〉。

後輩に番組の感想を聞かれたときに心がけていたのが、まず、画面には映らない**現場の状況や事情を訊ねる**ことでした。私自身が後輩のとき、それなりの事情があったのに、飲み込まなければならない経験があったからです。

何より、**本人の気持ちと状況が理解ができていると、アドバイスが的確に**なります。

❸注意する（Negative）

ここで気をつけたいのが、注意する対象です。人格と言動を切り離して考え、**人格は否定せず、言動だけを注意する**ように気をつけます。こうすることで、**相手のためを思う「叱る」と自分の感情をぶつけるだけの「怒る」を区別する**ことができます。

「君は注意力散漫だからそんなミスをするんだ」と人格を否定すると、いらぬ反発を生んだり、『自分はダメな人間なんだ』と落ち込ませてしまったりするかもしれません。

「忙しいときは注意力が欠けやすいから気をつけてほしい」と言動を注意した場合は、反発心が和らいだり、自信のない人が自己否定に走りにくくなったりすると思います。

そして、**注意は一度きり。**

たまに電車で、ネチネチと絡む上司を見かけますが、部下を自己顕示欲やストレスの捌（は）け口にしないでほしいなぁと思います。

❹ 明るく送り出す（Positive）

建設的なアドバイスや、自分の経験談（自慢話ではなく、同じような経験をどう乗り越えたかなど）、日頃感じている相手のよいところなどに触れて、**最後に、期待や信頼を伝える**とよいと思います。

Point

大切なのは、失敗から学び成長してもらうこと。叱ることが目的とならないように気をつけたいですね。

褒めるとき

せっかくの褒めるという行為も、やり方によっては効果が半減してしまいます。そこで、褒めるときに気をつけたいこと。

❶ むやみに比較をしない

褒めるときについやってしまうのが、ほかと比較して褒めること。比較すると、一方を貶(おとし)めることになってしまいます。

「××よりも美味しい!」と褒めるより、「○○なところが美味しい!」と褒めたほうが、褒められたほうも素直に喜べます。

相対値ではなく、絶対値で褒めることをオススメします。

❷上から目線にならない

一番気をつけたいのが、この上から目線の言葉遣いや態度かもしれません。親しみと、馴れ馴れしさ。敬意と、俺（私）が認めてやってるんだぞ的な傲慢さ。全く違うものなのに、違いに気付いていない人を時々見かけます。

悪気などなく単に言葉の使い方を知らないだけだったり、そもそも「無駄に、なぜか、どこか、偉そう」なタイプなだけだったりすることも多いのですが、上から目線では、せっかくの褒め言葉がもったいないですよね。

❸過剰に褒めない

慇懃無礼（いんぎんぶれい）という言葉があります。褒め殺しという言葉もあります。

❹ 贔屓しない

相手に好かれたいのか、周りに当てつけしたいのか分かりませんが、たまに、みんなの前で聞こえよがしに一人だけを褒めちぎる人がいます。周囲にいらぬ軋轢を生んでしまいますので気をつけたいところですね。

❺ 自分にとってのMVPを

活躍が目覚ましい人をみんなが褒めるのは自然なことですが、一方で、日々地道に努力している人や陰で支えてくれている人のことも気にかけ、きちんと言葉で労わったり、感謝の言葉をかけたりすると、全体の士気が上がります。

一人ひとりに目を向けて、その人なりの成長や成果を認めている、という姿勢が伝わるからです。

ちなみに、徳光和夫さんをはじめ日テレの先輩方が、おそらく意識的にやっていた褒め方は、

「本人がいないときに褒める」

すると、本人の耳に入ってきたときの驚きと喜びは、何倍にも膨らみます。

Point

相手に敬意を払って、絶対値で、フェアに褒めましょう。縁の下の力持ちにこそ気配りを。

謝るとき

アナウンサーは、有事のときほど真の実力と人間性が問われますが、日常生活においても同じ。トラブルが起き、謝罪もしなければならない有事のときこそ、日頃の危機管理能力が問われ、**誠実に対応すること**が求められます。

①まず、謝罪に限らず、**悪いことほど早く報告・行動する**ことが肝要です。取り急ぎ電話で一報を入れておき、遠い場所だろうと忙しかろうと、可及的速やかに、直接会うことが大切です。

謝罪は気が重いかと思いますが、歯医者さんと同じで、後回しにすればするほど状況は悪化しますし、**対応が遅いと、問題を軽く見ていると思われてしまいます。**

もし、会う前に解決できたとしても、会えたときに改めてお詫びの気持ちを伝えることも忘れないようにしましょう。

② そして謝罪するときは、汲んでほしい事情が少なからずあると思いますが、皆様もご存知の通り、**言いわけは禁物**です。目的は謝ることなので、許してもらうことを期待してはいけません。

③ **反省点をきちんと振り返る。**

反省点や問題点について、後追いすることは避けたいところです。「なぜこうなったのか」「ここはどうなっていたんだ」と相手が指摘するたびに**後追いして説明する時点で、自分では問題点を理解できていない**ことになります。少なくとも、そう受け取られてしまいます。当然、相手からすると、不信や不安が募りますし、何を言っても言いわけにしか聞こえず、謝罪も反省も口先だけのことと聞こえてしまいます。

なぜ問題が起きたのかをしっかり振り返り、何を謝るのか、何を反省すべきか、正面から向き合い、考えておくことが、必要不可欠です。

ここがズレていると、全く意味がないどころか、逆効果になります。

④ **事実を客観的に説明する。**

言いわけは禁物ですが、**事情をきちんと説明しないと、相手の不信感は拭えない**と思います。良識ある相手なら、今後も信頼できるかどうかを見極め、同じようなミスをしないこと、成長することを望んでいるはずです。となると、ただ「すみません」「二度としません」と平謝りするだけでなく、状況や原因を分析した上で客観的に説明し、反省点や改善策を伝えたほうが、信頼を回復できると思います。

Point

「何を謝るのか」「何が原因か」を押さえた上で直接会い、言いわけや期待はせず、誠実に謝罪しましょう。

05 話を通したいとき

上司にアイデアを提案するとき、気になる子をデートに誘うときなど、話を通したい、NOという返事を避けたい、というときがあります。そんなときは、YES or NOではなく、YES or YESと聞いてみてはいかがでしょうか。

できる店員さんは、お客さんに「デザートはいかがですか」とは聞かず、「今日は季節の苺のタルトと自家製プリンがありますが、いかがですか」と勧めると聞いたことがあります。土俵にYESとNOを上げるのではなく、YESしか上げないようにすると、デザートを注文する確率が上がるとのこと。確かに、魅力的なメニューを聞いたら、別腹になる確率がアップしそうですね。

デートなら、「オススメのレストランがありますが、イタリアンと小料理屋とどちらがお好みですか?」とか。

仕事なら、「A案とB案で決めかねているのですが、いかがでしょうか?」とか。

Menu
・ティラミス
・パンナコッタ
・いちごタルト
・紅茶のシフォン

余談ですが、私は一通りメニューの説明を受けたあとに、「ちなみにメニューには載っていないのですが……」なんて勧められた一品はつい、頼んでしまいます。

Point

YES or YESの聞き方をすれば、OKをもらいやすくなります。

相手の心をつかみたいとき

ハリウッドスターのインタビューなどでは、部屋に入ってから出るまで、15分しか時間をもらえないことがあります。マイクをつけて、概要を説明して、通訳の方を挟むと、時間はさらに短くなります。入る時間が遅れたとしても、出る時間は予定通り、なんてこともあります。そんなときは、いつ終わってもいいように、**とにかく聞きたいことから攻めていきます。**

皆さんも、たとえば営業でやっとアポが取れたのに、相手の前の予定が長引いて、結局半分しか時間をもらえなかった、なんてことがあると思います。粘って粘って、5分だけ時間をもらえた、ということもあるかもしれません。

決断力のある人は直感力にも優れているので、1分のプレゼンで判断する人がいる、と聞いたこともあります。

つまり**成功のカギは、すぐに相手の心をつかめるかどうか**、にかかっています。日本語は順を追って説明することが多いですが、英語のように、**結論から入るほうが効果的**です。最初から攻めて、**1分以内にあなたの頭にあるビジョンを相手にもイメージしてもらえるか。**ステップではなく、明確なゴールを伝えられるかどうか。

そのためには、帯の一言で本を買うように、15秒のPRで2時間の映画を観たくなるように、コンパクトに、1フレーズでイメージさせられるかどうかが肝心です。

伝えたいことを、**相手のアンテナに引っかかるキーワード**や、1フレーズにまとめておきましょう。

Point

結論から話す。1フレーズで表す。短く的確にビジョンを伝える能力は、できるビジネスパーソンに共通のもの。

07 プレゼンに臨むとき

プレゼンでも、**結論から端的に伝えることが大切**です。

新人のころ、「難しいことが難しく聞こえるのは素人の喋り。難しいことが簡単なことのように聞こえるのがプロの喋り」「易しいことが安易に聞こえるのは素人。易しいことが深い話に聞こえるのがプロ」と、教わりました。

難しいことほどシンプルに、当たり前と思われていることほど興味深くプレゼンできると、聞く人を惹きつけることができます。

もう一つ大切なのが、**堂々としていること**。新人のころ、「喋るときに手がペンギンになる」と言われました。緊張のあまり、謎の動きをしていたようです。そんな私が言うのも何ですが、**伝えるときには振る舞いも大きなポイント**になります。

❶ 胸を張る

堂々とした印象で説得力が増します。声が届きやすく、相手のリアクションが目に入りやすいというメリットもあります。

❷ おへそを向ける

相手を見るとき、視線や顔だけを動かすのではなく、体ごと（おへそを）向けることが大切です。誠実な印象を与えます。

❸ 身振り手振りを使い分ける

身振り手振りが大きいと、パワフルで情熱的な印象を与え、身振り手振りを控えると、落ち着いて冷静な印象を与えます。

❹大事なところでワンアクション

ここぞというポイントで、ワンアクションすると聞き手の印象に残りやすくなります。

手を挙げたり、ポイントを話す前に〝間〟を取ったり、ポイントのあとに黙って二箇所くらい視線を送ったり。林修先生の「いつやるの？　……今でしょ」がいい例かもしれません。

❺聞き手全員に届ける

よく、舞台役者は一番後ろの席まで意識すると聞きますが、プレゼンでも、一番後ろの人に意識を向けると、全員に届きやすくなります。

実際に一番後ろの人を見ることも効果的です。よく、後ろから前まで「Z」を書くように視線を動かすと言いますが、後ろだけでなく、前、左、右、中央と、会場全体をカバーします。このとき、視線が泳がないように気をつけましょう。

6 いつもの誰かに話しているつもりで

大勢の前で話すと、緊張したり、よそ行きの話し方になったりして、急に言葉に説得力がなくなり、空々しくなってしまうことがあります。

伝わる話し方が身についていなかったころ、カメラではなくカメラマンに向かって話すようアドバイスをもらったら、話しやすくなりました。おじいちゃん、おばあちゃんでも、友だちでも、いつも話している相手に伝えるつもりで話すと、言葉に気持ちが乗りやすく、聞き手との距離が縮まります。

聞き手が大勢になっても、一人ひとりの心に届ける、という基本は変わりません。

Point

プレゼンは、結論からシンプルに。
落ち着いた身振り手振りで、堂々と。
大勢の前でも、伝える基本は、一対一と同じです。

08 緊張をほぐしたいとき

緊張してしまったとき、私が実践している方法をご紹介します。

❶ 息を吐く

実況などでガチガチに緊張していたときに、「吐いてから喋れ」とアドバイスされました。緊張したり不安だったりすると、息を吸い続け、吐くことを忘れてしまったり、息を止めてしまったりしてさらに力が入ってしまいますが、**息を吐くだけで、緊張が和らぎます。**

腹式呼吸で、「ふ――――っ」とゆっくり長く、少し強めに息を吐き出すと、落ち着きます。話題のハーバード式呼吸法も、4秒かけて鼻から吸い、7秒間息を止め、

8秒かけて口から吐きますが、呼吸を「吐いて、吸う」と書くのも納得です。

❷ 手やペンを握る

手持ち無沙汰だと不安感が増してしまうものなので、おまじないのような方法ですが、**何かを握っていると心のよりどころになります。**自分の手を軽く握ったり、ペンや資料を握ったりしているだけで、少し安心感が得られます。

❸ 第一声は大きな声で

緊張すると、気持ちだけでなく、声帯も含めた筋肉も収縮して、声が小さくなってしまいがち。本題とは関係のない「こんにちは！」とか「今日はよろしくお願いします」とか「アミューズの馬場典子と申します」などの**挨拶で、とにかく大きな声を出すように心がけてみてください。**

❹ 聞き手との距離を縮める

人前で話すときは、「楽しんでくれているかな？」「伝わっているかな？」という不安が緊張を高めてしまうことも。そんなときは、**聞き手を巻き込んでしまいましょう。**

たとえば冒頭に、「何がきっかけで今日はお越しいただいたのですか？」などと聞いてみると、聞き手の層が見えてきます。途中で、「ここまでで何か質問ありますか？」と聞いたり、「ここで3つポイントがあります。何だと思いますか？」と一緒に考えてもらったりしても、聞き手との距離が縮まり、話しやすくなります。

Point

緊張をほぐすには、
ゆっくり腹式呼吸と大きな声が一番。

09 シチュエーション×アドバイス

久しぶりに会ったとき×自己紹介にはタグ付けしよう

初めまして以上に難しい、久しぶりに会ったとき。「忘れられてた……。残念！」という経験も「えっと……、どちら様でしたっけ？」という経験も、おありかと思います。

「○○の席で△△さんからご紹介いただいた」「3年前のプロジェクトでご一緒しておりました」など、**相手が思い出しやすい話を添える**と、お互い気持ちよく再会できます。

台本があるとき×資料をなぞらない

時間がもったいないと思うのは、台本通りに読むだけの打ち合わせ。せっかく顔を合わせたのだから、台本に載っていない背景や方向性などを確認するほうが大事です。

プレゼンなどでも、資料をなぞるだけでは聞き手を惹きつけられないので、資料は簡潔に、キーワードや概要、図などに留めておきましょう。そして**原稿は、読むのではなく話す**ことで、伝わります。

沈黙が訪れたとき×恐れない

自分が話しているときは、どうしても沈黙が怖くなります。私たちも、生放送中にふと言葉が途切れてしまったとき、恐ろしく時間が長く感じますが、実際には1〜2秒のこと。音楽にもドラマにも、間はありますから、恐れないでいきましょう。

昭和の人には昔なつかし、「今、天使が通った!」と場をほぐすのもいいかも?

～してほしいと思うとき×期待しない

「期待」は文字通り、待っている状態です。「言わなくてもやってくれたらいいのに」「気付いてくれたらいいのに」。この「～してくれたらいいのに」という心持ちはまさに、相手のアクションを待っている状態。何を分かってほしいのか、何をしてほしいのか、まずは、自分から言葉で伝えてみませんか。

心配してもらったとき×感謝をプラス

「大丈夫です」と言うときは相手の申し出（厚意）を断る場合が多いので、これだけだとちょっと冷たい印象になってしまうことも。「ご心配かけてすみません」「ありがとうございます」「え！　もしかして隈が出ちゃってますか？」など、一言、感謝やユーモアを添えられると、お互いハッピーです。

相手のモチベーションを上げたいとき×ゴールを設定する

後輩を指導するときなどは、まず、この仕事が何につながるか、どう成長できるのか、というゴールや意義を共有するといいでしょう。モチベーションを上げるには、自分で目標ややり甲斐を見出すことが欠かせないので、ゴールから逆算して、今何が必要かを本人に考えさせるのもよいと思います。

上の人に物申すとき×第三者の意見&相談・提案

原稿の日本語が間違っている……という場合、書いたディレクターさんを否定する言い方はできません。経験上、「アナウンス部の研修で注意されました」という専門家の意見なら角が立たず、言いやすくなります。

絶対の正解がないことについて話すときは、自分の意見として主張せず、「調べていて気付いたのですが……」「こんな言い方をしてもいいでしょうか……」など、相談・提案という形を取ると、スムーズに伝えられました。

言いにくいことを言うとき × ズバリ単刀直入に

頼みごとや苦言など、言いにくいことを言うときほど、**単刀直入**がいいでしょう。

もちろん、頼みごとなら先に相手の都合を確認したり、苦言なら相手の気持ちや事情を汲み取ったりするように心がけますが、肝心のところを、何を言いたいのかハッキリしない鈍(なまく)ら刀にしてしまっては、かえって傷が残る気がします。

言葉にならないとき × 無理しない

アナウンサーでも、**上手くまとめようという欲が働くと失敗します。**言葉だけが、気持ちを表すものではありません。自分で抱え切れない大きなことは、「語るに落ちる」「言葉が浮く」とならないように気をつけたいものですね。

また、もし大切な誰かがつらい目に遭ったとき、言葉が見つからないとき、**そばに寄り添っているだけでも、そっとしておいてあげるだけでも、気持ちは伝わっている**と思います。

相手がけんか腰のとき × 負けるが勝ち

プライドが高いのか、やっかみなのか、コンプレックスの裏返しなのか、はたまた八つ当たりなのか……、不思議とけんか腰の人がいます。

そんなとき、相手が何を吹っかけてきても否定や反論をせず、逃げるわけでもなく、気持ちだけはブレずに、「そうですね」「はい」と、**やんわり受け止めつつ受け流す**人を見ると、器の大きさの違いに感服します。

負けん気の強い私にはなかなか難しいことですが、「柔能く剛を制す」はかっこいいですね。

Point

シチュエーションによってワンポイント気をつけるだけでも、伝えやすく、伝わりやすくなります。

心が通う海外旅行

私は海外旅行が大好きです。海外では、〝何者でもない、ただの私〟になれるので、レストランで同じテーブルに座った人や、バスで隣り合わせになった人たちと、旅先での触れ合いを楽しんでいます。

英語力は中学1年生くらいのレベルで、難しい話は長続きしません。相手が話していることは半分、理解できているかどうか。それなのに、心を開いているだけで、話が盛り上がっちゃうから不思議です。

鉄板ネタは、自分の名前。漢字は単なる音声記号ではなく、意味があることを説明すると、向こうは興味津々になります。

「典」には、「書物、礼儀」などの意味があり、「子」には、「子ども」という意味があって女の子の名前の最後に付けられることが多い。なんて話すと、「自分の名前を漢字で書いてくれ！」と頼まれることも。たとえば「クリス」さんだったら、「来寿。

福が来るっていう意味だよ」「栗好。〝栗が大好き！〟って意味だよ」なんて考えると喜んでくれますし、何より私が楽しいです。

わりとすぐボキャブラリーの限界を迎えるのですが、そんなときは絵を描いたり、折り紙を折ったり。

言葉が通じるのも嬉しいですが、ときに言葉を超えて心を通わせられるところが、コミュニケーションの素敵なところですね。

おわりに

「ナレーションに絶対の正解はない」

原稿がまともに読めなかったころは、正解も何も、まずは、基本の技術を身につけることに必死でした。

それなりに読めるようになり、基本がある程度身について初めて、先輩のこの言葉の意味を理解できた気がします。

誰かにとっての正解が自分にとっての正解とは限らない。時間をかけて、自分なりの表現を探しなさい、ということだったのだと。

同じように、

「コミュニケーションにも絶対の正解はありません」

コミュニケーションに苦手意識のある方は、まずはこの本からヒントを得ていただき、その先に、**自分なりのコミュニケーション術を探し、見つけていっていただけたら**と思います。

この本は、一番に場数、つまり成功よりも多くの失敗・失態の上にできたものです。友だちが多いあの人にも、話上手なあの人にも、きっとそれぞれに悩みや課題はあります。

もちろん、私にも。

コミュニケーションは自己表現の一つ。自分を知ってもらい、相手のことも知る。社会の中で、**より自分らしく生きるためにも大切なこと**だと感じています。

本書が、この悩み多きコミュニケーションの世界をなんだかんだあっても楽しんでいける一助となりましたら、幸いです。

末筆ながら、多大なお力添えを頂きました
The VOICEnessの岡本仁司様、近藤名奈先生、
full sound voiceの中島由美子様、
あさ出版の田賀井弘毅様、李美和様、
相談に乗っていただいた友人・知人の皆様、
本当にありがとうございました。

著者紹介

馬場典子（ばば・のりこ）

フリーアナウンサー。

1974年生まれ。東京都出身。早稲田大学商学部卒業。1997年日本テレビ放送網株式会社にアナウンサーとして入社、日本テレビを代表する数々の番組のレギュラー司会など、報道からバラエティ、スポーツまで幅広く担当し活躍。

2014年6月末、日本テレビを退社、フリーアナウンサーとしてアミューズ所属。

2015年4月より大阪芸術大学放送学科アナウンスコースの教授を務める。

本文イラスト／馬場典子
協力／伊藤有何子（アミューズ）、小泉愛子（アミューズ）
写真／KimJangryong
ヘアメイク／及川美紀（NICOLASHKA）
本文デザイン／内藤富美子（北路社）

言葉の温度
話し方のプロが大切にしているたった1つのこと

〈検印省略〉

2018年 6月 27日 第1刷発行

著　者――馬場 典子（ばば・のりこ）
発行者――佐藤 和夫

発行所――株式会社あさ出版
〒171-0022 東京都豊島区南池袋 2-9-9 第一池袋ホワイトビル 6F
電　話 03（3983）3225（販売）
　　　 03（3983）3227（編集）
F A X 03（3983）3226
U R L http://www.asa21.com/
E-mail info@asa21.com
振　替 00160-1-720619

印刷・製本（株）光邦

facebook http://www.facebook.com/asapublishing
twitter http://twitter.com/asapublishing

ISBN978-4-86667-059-1 C0030